西武鉄道のしくみ

徹底カラー図解

マイナビ出版編集部（編）　西武鉄道（協力）

マイナビ

本書の見方

カラー写真＆解説
列車の走行風景や、車内の様子をカラー写真で紹介しています。

データ
本ページで紹介する列車について、路線距離や運行区間、路線駅数などの詳細データを掲載しています。

ポイント
本ページで紹介する内容のポイントをまとめています。

路線図や車両形式図
本ページで紹介する路線図や車両の形式図などについて、カラー図解＆イラストで紹介しています。

用語解説
本文の中で重要な語句や難しい用語を解説しています。

豆知識
本文で取り上げた用語を補足したり、内容についての関連情報を掲載しています。

CONTENTS

本書の見方 ……………………………………………………………… 3
西武鉄道路線図 ………………………………………………………… 8
西武鉄道の列車の停車駅 ……………………………………………… 10

第1章 西武鉄道の魅力 …………………… 12

西武鉄道の全体像 ……………………………………………… 14
西武鉄道の路線の特徴 ………………………………………… 16
駅のタイプと路線の特徴 ……………………………………… 18

第2章 各路線の紹介 ……………………… 20

池袋線 …………………………………………………………… 22
西武秩父線 ……………………………………………………… 26
豊島線 …………………………………………………………… 30
西武有楽町線 …………………………………………………… 32
新宿線 …………………………………………………………… 34
国分寺線 ………………………………………………………… 38
多摩湖線 ………………………………………………………… 42
西武園線＆狭山線 ……………………………………………… 46
拝島線 …………………………………………………………… 50
多摩川線 ………………………………………………………… 54
山口線 …………………………………………………………… 58
安比奈線 ………………………………………………………… 62

第3章 車両・列車のしくみ …………64

- 進化を続ける西武の車両 …………66
- 列車の正面形状の変遷 …………68
- 省エネを目指して素材も進化 …………70
- 3パターンある座席配置 …………72
- 30000系 …………74
- 20000系 …………76
- 10000系 …………78
- 9000系 …………80
- 6000系 …………82
- 4000系 …………84
- 2000系 …………86
- 101系 …………88
- 8500系 …………90
- 西武鉄道が導入予定の新車両 …………92
- 池袋から西進した武蔵野鉄道 …………94
- 入間から都心を目指した旧西武鉄道 …………96
- 懐かしい西武鉄道の列車 …………98
- もう一つの主役だった電気機関車 …………100
- 特急「レッドアロー号」 …………102
- レッドアロークラシック …………104
- 小江戸号 …………106
- 特急券の買い方 …………108
- チケットレスサービスSmooz …………110
- 富山地方鉄道で走るレッドアロー …………112
- 臨時で走ったユニークな特急 …………114
- 臨時特急「おくちちぶ号」 …………116
- ワンマン列車の走る路線 …………118

第4章 駅のしくみと特徴 ……… 120

- 西武鉄道の駅の構造と特徴……… 122
- 西武のターミナル駅変遷の歴史……… 124
- 複々線のしくみ……… 126
- 信号場のしくみ……… 128
- ターミナル駅と基地に隣接する駅……… 130
- 乗降客数の少ない駅から秩父鉄道へ……… 132
- 高架化された駅と変形ホームの駅……… 134
- 駅名標が西武とは違う駅？……… 136
- 駅名と発車メロディーに隠された謎……… 138
- 多くの利用者や若者が恋する駅……… 140
- 環境に合わせて変化した駅……… 142
- 時代とともに変遷する駅名……… 144
- 線路とホームが特徴的な駅……… 146
- 珍しい駅舎と踏切のある駅……… 148
- 乗り換えの仕方が異なる起点と終点……… 150

第5章 珍しい車両、知られざる施設・工場 ……… 152

- 西武鉄道の保存車両……… 154
- 拝島駅手前の謎の平面交差……… 156
- 変わらない新宿線の風景……… 158
- 流鉄の元西武鉄道の車両たち……… 160
- 思い出の旧山口線……… 162
- 観光列車「52席の至福」……… 164
- 上り屋敷駅跡……… 166

所沢車両工場……………………………… 168
埼玉西武ライオンズの軌跡……………… 170
小手指車両基地…………………………… 172
武蔵丘車両検修場………………………… 176

第6章 運行のしくみ …………… 180

運行にかかわる人々……………………… 182
車掌の役割と仕事………………………… 184
運転士の仕事……………………………… 186
司令の役割としくみ……………………… 188
線路のしくみと保線……………………… 192
直通運転の連携のしくみ………………… 194

第7章 安全・安心のしくみ ………… 196

安全への取り組み………………………… 198
軌道の強化と保守………………………… 200
電力・通信設備の保守と管理…………… 202
信号保安設備で安全を補強……………… 204
駅の安全対策と非常停止のしくみ……… 206
踏切の安全対策とは……………………… 208
強風・降雨・地震対策と運行規制……… 210
環境への数々の取り組み………………… 212

巻末資料
西武鉄道の主な年譜……………………………………214

西武鉄道路線図

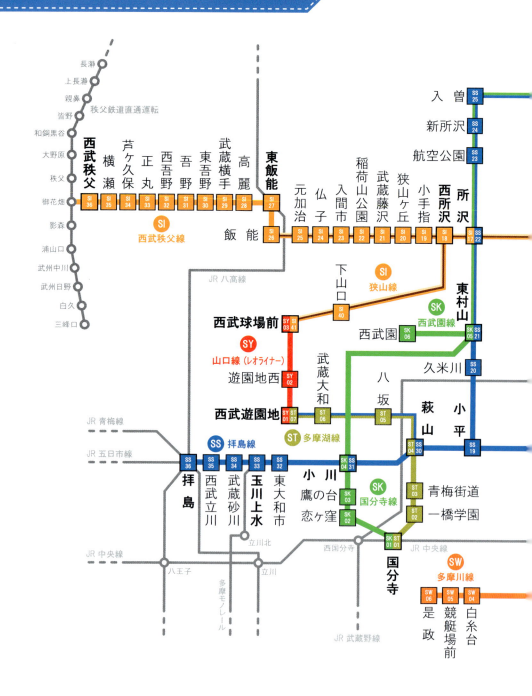

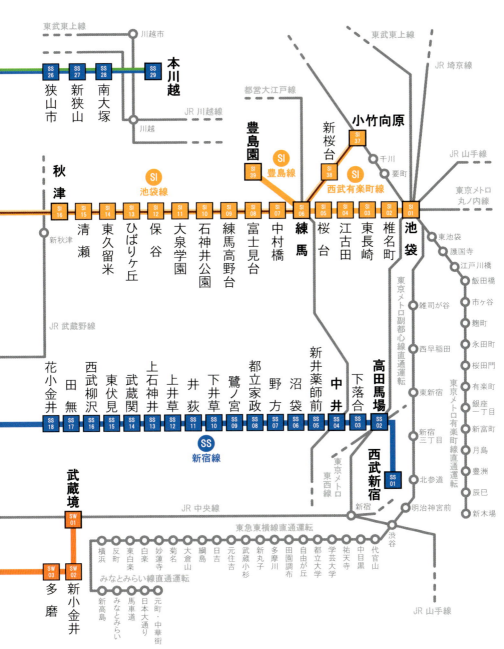

西武鉄道の列車の停車駅

● 池袋線・西武有楽町線・豊島線・
　狭山線・西武秩父線

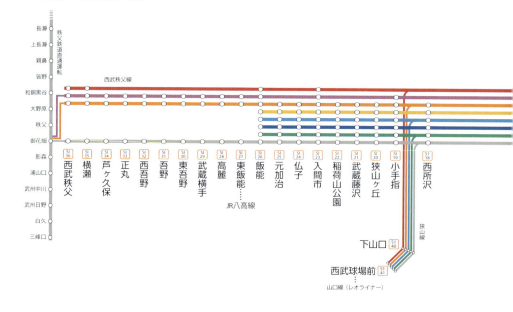

● 新宿線・西武園線・山口線（レオライナー）・
　拝島線・多摩湖線・国分寺線・多摩川線

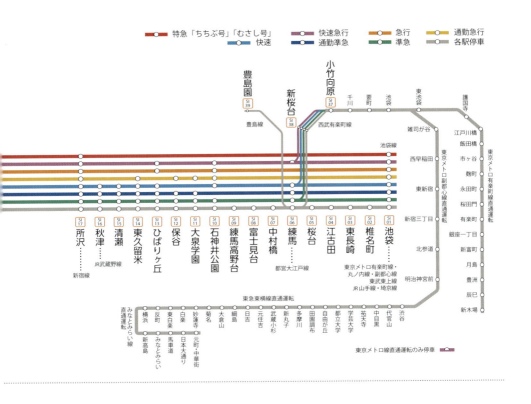
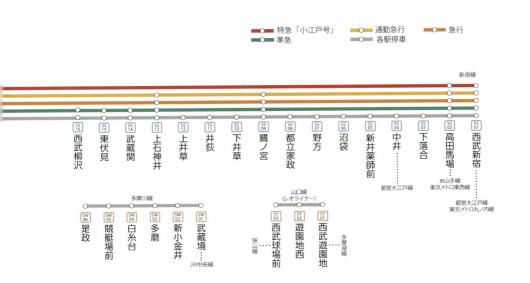

第1章 西武鉄道の魅力

西武鉄道は、池袋線と新宿線の二大幹線を含む13の路線を有し、通勤・通学はもちろん、観光列車も充実しています。路線形式も単線・複線・複々線などさまざまな顔を持ち、複数の他社線に乗り入れています。また、東西に幅広く延びる鉄道網が特徴です。

二大幹線を中心に通勤・通学・観光も充実
西武鉄道の全体像

池袋線秋津～所沢間を走る急行飯能行きの30000系列車。

池袋線系統と新宿線系統

　西武鉄道は、東京西部を中心に埼玉県まで延びる、**179.8kmの路線**（営業キロ）を持つ鉄道会社です。関東では、東武鉄道、東京メトロに次ぎ、**第3位の路線規模**を誇ります。西武鉄道は、池袋線と新宿線の二大幹線を中心に13の路線から成り立っています。

　まずは**池袋線系統**。池袋線を走る特急は飯能駅以遠で一体となる**西武秩父線**も走るので、**秩父方面への観光輸送**がメインです。池袋線の池袋～飯能間は本数が多く、乗降客数の少ない小手指～飯能間でさえ、昼間は1時間当たり、快速急行1本、急行3本、準急2本で運転されていて、**首都圏の近郊輸送を担って**います。飯能駅以遠の飯能～西武秩父間は**ローカル輸送**を行なっています。本数は、1時間に2本と少なくなります。

　豊島線は池袋駅からの直通運転、**山口線**、**狭山線**は西武球場前駅への臨時列車で池袋駅からの直通運転で

📖 用語解説
営業キロ
運賃計算のために設定している鉄道路線のキロ数。運賃計算のため、実際の距離とは異なる独自の算出法で計算されている。

💡 POINT
西武鉄道の営業キロ
西武鉄道の全路線の営業キロは179.8 kmです。このうち、安比奈線3.2 kmは貨物専用で現在は長期運行停止中のため、旅客営業キロは安比奈線を除いた176.6キロとなります。

西武の路線一覧

2015年4月1日現在

系統	路線	運行区間	営業キロ
池袋線	池袋線	池袋〜飯能〜吾野	57.8km
	西武秩父線	吾野〜西武秩父	19.0km
	豊島線	練馬〜豊島園	1.0km
	西武有楽町線	小竹向原〜練馬	2.6km
	狭山線	西所沢〜西武球場前	4.2km
	山口線	西武遊園地〜西武球場前	2.8km
新宿線	新宿線	西武新宿〜本川越	47.5km
	西武園線	東村山〜西武園	2.4km
	安比奈線	南大塚〜安比奈（運行休止中）	3.2km
	国分寺線	国分寺〜東村山	7.8km
	拝島線	小平〜拝島	14.3km
	多摩湖線	国分寺〜西武遊園地	9.2km
	多摩川線	武蔵境〜是政	8.0km

す。また、**西武有楽町線**は地下鉄線と一体となって、練馬駅から都心への地下ルートの一部を担っています。

新宿線系統は、本川越までの全線を走る列車のほか、拝島線への直通列車があります。急行は、本川越行きも拝島行きも、昼間は1時間に3本。今や、西武鉄道第3のメインルートにまで発展しています。

国分寺線、**多摩湖線**、**西武園線**、それに独立した**多摩川線**は各駅停車のみで、地域輸送を担っています。

西武の列車が乗り入れる他社線

西武鉄道は、**複数の他社線**に乗り入れています。西武有楽町線は**東京メトロ**につながり、副都心線に乗り入れた列車は、渋谷駅から東急東横線を通って横浜方面へ向かいます。

また、横瀬駅、西武秩父駅から**秩父鉄道**に乗り入れる列車は、もっぱら行楽輸送に活躍しています。

豆知識

大手民鉄の鉄道営業キロ

全国ベスト3

1	近畿日本鉄道	508.1km
2	東武鉄道	463.3km
3	名古屋鉄道	444.2km

関東ベスト3

1	東武鉄道	463.3km
2	東京メトロ	195.1km
3	西武鉄道	176.6km

関東平野から山岳地帯を走る
西武鉄道の路線の特徴

単線区間の多い路線

　西武鉄道の路線構造は、区間によって**複線**、**複々線**、**単線**と形式が異なります。

　複線以上の区間は、池袋線の池袋〜飯能、西武有楽町線、新宿線のほぼ全線、拝島線の半分以上の区間が当たります。このうち、**池袋線の練馬〜石神井公園間の4.6kmは西武鉄道唯一の複々線区間**で、地下鉄からの直通列車も多数走っています。

　上記以外の路線は単線です。とくに、西武秩父線、豊島線、狭山線、山口線、西武園線、安比奈線、多摩湖線、多摩川線の8つの路線は**全線が単線**となっています。

山岳路線のトンネル＆橋梁

　主に関東平野を快走する西武鉄道では、**西武秩父線は唯一の山岳路線**です。

　山岳区間には、西武秩父線に17カ所と池袋線に1カ所、合わせて**18カ所ものトンネル**があります。

　このうち、最長は西武秩父線の**正丸トンネルの4811.4m**。山岳トンネルとしては私鉄第3位の長さです（第1位は北越急行ほくほく線赤倉トンネルで1万472m）。

　単線のトンネルですが、中に列車のすれ違いができる信号場があります。新交通システムの山口線もトンネルが多い路線で、**2.8kmの短い区間に5つのトンネル**があります。

　そのほか、西武有楽町線の練馬〜小竹向原間には、地下トンネルがあります。

　橋梁は、池袋線の**入間川橋梁が169.9mと最長**。また西武秩父線にある第15高麗川橋梁は高さ32mと西武鉄道の中では最も高い橋です。

📖 用語解説

単線
線路が1つしかなく、上下列車が同じ線路を共用しています。そのため、駅や信号場で列車の行き違いを行ないます。単線は、列車本数の多くないローカル線の主流です。

複線
上下列車が別々の線路を使って走ります。道路でいえば2車線です。上下列車のすれ違い場所を設ける必要がなく、スピードアップや列車本数を増やすことも容易です。

複々線
道路でいえば4車線に当たります。各駅停車と特急、快速のような速達列車を別の線路に振り分けることができます。追い抜き場所を駅に限定する必要がなく、複線よりも本数増加やスピードアップが図れます。

🌱 豆知識

トンネルの数え方
西武鉄道では1線で1カ所と数えます。小竹向原駅と西武有楽町駅を結ぶ西武有楽町線は、練馬駅付近を除き地下を走っていますが、複線のため、上り線で1カ所、下り線で1カ所、計2カ所と数えます。正丸トンネルのトンネル内には一部複線区間があります。このような場合は2カ所と数えます。

複線、複々線、単線区間

複線以上の区間	池袋線	池袋〜飯能、北飯能信号場〜武蔵丘信号場(路線の78.2%)
	西武有楽町線	全線
	新宿線	西武新宿〜脇田信号場(路線の98.1%)
	国分寺線	羽根沢信号場〜恋ヶ窪(路線の15.4%)
	拝島線	小平〜玉川上水、武蔵砂川〜西武立川(路線の64.3%)
複々線区間	池袋線	練馬〜石神井公園
全区間単線の路線	西武秩父線、豊島線、狭山線、山口線、西武園線、安比奈線、多摩湖線、多摩川線	

国分寺線・多摩湖線などの支線区は、輸送量を鑑みて単線になっています。

幹線系は複線化され、特急・急行などの優等列車が運行されています。

池袋線の入間川橋梁を渡る9000系。複線化は1928年の池袋〜練馬間から始まり、飯能まで完成したのは2001年です。

複雑に交差する 駅のタイプと路線の特徴

駅ナンバリングの種類

　西武鉄道には全線で**92の駅**があります。さらに**信号場は9カ所**あります。無人駅はありません。
　すべての駅には、ナンバーが振られています。番号の前には略号が付けられており、池袋線系統では本線である池袋線のみならず、池袋線との直通運転が行なわれている**支線でも池袋線と共通の略号**が使われています。
　新宿線系統は、頻繁に直通運転を行なっていることから、**拝島線だけが共通の略号**となっています。そのほかの路線では、独自の略号が使われています。

POINT
駅ナンバリング掲出場所
駅ナンバリングは、駅名票の左側に表記されています。ほかに、車内案内表示装置でも確認できます。

東京西部の複雑怪奇な路線網

　西武鉄道の特徴の一つは、小平駅、東村山駅、国分

駅ナンバリング略号一覧

● 池袋線、西武秩父線、西武有楽町線、豊島線、狭山線

SI01〜41

● 山口線

SY01〜03

● 新宿線、拝島線

SS01〜36

寺駅周辺の複雑に**入り組んだ路線網**です。平面交差が多く、小平駅、萩山駅、小川駅への出入りは、どの線路を走っているのか、よく見ていないと分からなくなるほどです。

　また、国分寺線と多摩湖線は立体交差しているにもかかわらず乗換駅がなかったり、西武園線の終点西武園駅と多摩湖線の終点西武遊園地駅が接近していたり、国分寺線と多摩湖線の国分寺駅が微妙に離れていたりと、**いくつもの鉄道会社が乱立していた歴史**をしのばせる区間や駅が多々あります。

看板列車は特急レッドアロー

　西武線には特急から各駅停車まで、実にバラエティーに富んだ列車が走っています。**全線電化区間**なので、西武の車両はすべて列車による運転です。

　座席指定の特急としては、10000系ニューレッドアローによる「**ちちぶ号**」(池袋～西武秩父)、「**むさし号**」(池袋～飯能)、「**小江戸号**」(西武新宿～本川越) があります。臨時列車としては、池袋～西武球場前を走る「**ドーム**」があります。

> **豆知識**
>
> **西武鉄道の列車種別**
>
> 池袋線では、快速急行、急行、通勤急行、快速、通勤準急、準急と数多くの列車種別があります。挙げた順で後になるほど停車駅が多くなりますが、快速急行で停まる駅に急行が停まらないこともあるので、停車駅は複雑です。一方、新宿線では、通勤急行、急行、準急の順で後になるほど、上石神井駅以遠の停車駅が多くなります。こちらは、通勤急行が停まらない駅に急行や準急が停まるようなことはありません。
>
> ●池袋線上り列車の停車駅
> **快速急行**＝入間市、小手指、所沢、ひばりヶ丘、石神井公園(東京メトロ線直通列車は練馬に停車)
> **急行**＝所沢まで各駅停車、ひばりヶ丘、石神井公園
> **通勤急行**＝所沢まで各駅停車、東久留米、保谷、大泉学園、石神井公園
> **快速**＝ひばりヶ丘まで各駅停車、石神井公園、練馬
> **通勤準急**＝大泉学園まで各駅停車、練馬
> **準急**＝石神井公園まで各駅停車、練馬

●国分寺線、西武園線　　●多摩湖線　　●多摩川線

SK01～06　　ST01～07　　SW01～06

第2章 各路線の紹介

東京西部を中心に埼玉県まで延びる西武鉄道は、トータル179.8kmの路線を有し、関東でも第3位の路線規模を誇ります。池袋線や新宿線のほかにも、ローカル線から最新の交通システムを持つ路線まで多彩な陣容が魅力です。

池袋線

西武鉄道の創業路線の一つ

池袋線の秋津〜所沢間を走る快速急行元町・中華街行き6000系。

池袋〜飯能間を一気に開業

　東京23区の北の副都心、池袋駅をターミナルに延びる池袋線は、新宿線と並ぶ**西武鉄道の二大幹線の一つ**です。西武鉄道の母体である**武蔵野鉄道**は、1915年に池袋〜飯能間を開業し、先に**川越鉄道**（現・新宿線）が開業していた所沢駅に接続して、共同使用駅としました。開業時は**蒸気機関車牽引で運行**されていましたが、1922年に池袋〜所沢間、1925年に所沢〜飯能間が続けて電化され、電気鉄道になっています。1929年には**吾野まで延伸し、池袋線が全通**しました。

　しかし、沿線は思ったほど宅地開発が進まず、池袋〜飯能間を一気に開業したことから借入金が大きな負担となり、武蔵野鉄道は昭和初期に経営難へ陥りました。これに手を差し伸べたのが不動産事業を営む箱根土地（後のコクド）を率いる**堤康次郎**でした。堤は**西武鉄道中興の祖**として、経営に辣腕を振るいました。

DATA

路線距離：57.8km
運行区間：池袋〜吾野間
路線駅数：31駅
全線開通：1929年9月10日
運行車両：10000系、20000系、30000系など

POINT

高架化される時期は

鉄道敷設工事は莫大な建設費が必要になります。これを鉄道事業者のみで賄うことは難しく、自治体が主導する再開発や都市計画に合わせて、高架化を進める場合が多いようです。

路線図

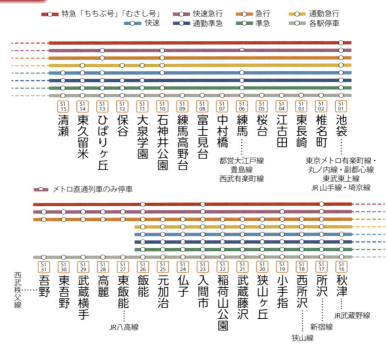

高架複々線化が進む池袋線

　堤は**大泉学園の土地開発**などを手がけました。また、沿線に**軍事・軍需施設**ができたため、戦時下であっても輸送量が増え、業績がアップしました。戦後は沿線の宅地開発が進み、田無市（現・西東京市）・所沢市などの衛星都市が生まれます。通勤・通学輸送が急増すると車両数を増備し、1963年に**私鉄で最も早く列車の10両編成化を実施**して混雑緩和を図りました。

　抜本的な混雑解消策として、2007年に桜台～練馬高野台間の高架複々線が完成しました。続いて練馬高野台～大泉学園間の高架複々線が進められ、2015年1月に全区間の高架化が完了しました。

　現在の列車種別は、停車駅の少ない順に特急・快速急行・急行・通勤急行・快速・通勤準急・準急・各駅停車です。大半の列車は飯能駅で折り返しますが、特急・快速急行・急行は西武秩父線へ乗り入れます。

豆知識
沿線はアニメ天国
西武鉄道の沿線はアニメ制作会社が多く立地し、練馬区はアニメで町おこしも企画しています。練馬区・豊島区の池袋線駅には利用者を迎えるようにアニメキャラクターの看板が立てられています。

池袋線に乗って武蔵野の大地を西進

　池袋線は一部の列車を除き、**飯能駅で運転系統が分かれて**います。池袋～飯能間は**東京都心への通勤圏**で、飯能～吾野間は**西武秩父線と一体運営**されています。

　池袋駅はJR山手線・埼京線、東武東上線と接続する**都内屈指の大ターミナル**です。池袋～江古田間はカーブが続く古い住宅の間に延びています。桜台の手前で高架に上がり、西武有楽町線・豊島線と接続する練馬駅に到着します。

　ここから高架複々線となり、外側の路線が快速線、内側が緩行線です。このため、各駅停車のみ停まる中村橋駅・富士見台駅・練馬高野台駅は緩行線に挟まれた軌道の中央に島式ホームが設けられています。

　保谷駅はかつて**車両基地**が併設されていました。車両基地の機能は武蔵丘車両基地に移り、留置線として使用されています。秋津～所沢間の下り線側にJR武蔵野線への連絡線が延びています。

飯能駅でスイッチバック

　所沢駅を発車した列車は、新宿線を乗り越えて右にカーブを切り、北西方向へ進みます。武蔵藤沢～稲荷山公園間は**航空自衛隊入間基地の脇**を走り、ときおり**自衛隊機の離発着が車窓から見られます**。入間市駅は地域の核となる駅で、駅ビルが設けられて特急も停車します。そこを過ぎると建物が全体的に低くなり、行き止まりの飯能駅に到着します。

　池袋駅から来た大半の列車は飯能駅止まりですが、特急と秩父鉄道直通列車は**飯能駅でスイッチバック**（方向転換）します。ここから先は単線区間になりますが、東飯能～高麗間は、**見かけ上複線**になっています。これは、**武蔵丘車両基地・車両検修場への引き込み線が並行**しているためです。

　その後、列車は飛鳥時代に渡来人が移り住んだとされる高麗、除草目的にヤギが飼われている武蔵横手駅を過ぎて、高度を上げながら砕石の積み込み設備がある吾野駅に到着します。

POINT
快速線と緩行線
快速線は停車駅が少なく速い列車、緩行線は各駅停車が走ります。ホームが2面ありながら優等列車が停車しない駅は、転落防止のため快速線側のホームを柵で閉鎖しているところもあります。

用語解説
スイッチバック
行き止まりとなり、列車の進行方向が変わる施設を称します。主に山岳路線で勾配を克服するためにジグザグに配線されたものを指しますが、飯能のような形状の駅もたくさんあります。

豆知識
JR線との接続
池袋線は池袋がJR山手線、秋津がJR武蔵野線、東飯能がJR八高線との乗り換え駅です。このうち、秋津はJR新秋津と改札外で徒歩連絡（約5分）となりますが、連絡定期券が購入できます。

池袋駅は西武鉄道随一の大ターミナル。頭端式ホームを有し、1日平均およそ47万人が乗降する。

飯能駅も頭端式ホーム。このため池袋線～西武秩父線を直通する列車は当駅で方向転換をする。

第2章 各路線の紹介

 Mini Column

アニメとコラボする
東京都練馬・中野・杉並区にはアニメ制作会社が多く立地しています。「アニメの町」をうたう練馬区の大泉学園駅には、「銀河鉄道999」を模した車掌さんが就任しています。2015年2月からは西武鉄道100年と、トムス・エンタテインメントのアニメ制作50周年記念として、30000系・6000系車内で、コラボアニメが放映されています。

貨物輸送のために開業した 西武秩父線

西武鉄道で最も長い正丸トンネルを抜け、正丸駅に入線する飯能行き各駅停車。

実質的に池袋線の延伸区間

　池袋線から特急・快速急行・急行・各駅停車が乗り入れる西武秩父線は、池袋線の飯能〜吾野間と一体運営されており、実質的には池袋線の延伸区間といえます。**秩父地方で産出される石灰石輸送と**、**ハイキングなどのレジャー客誘致**を目的に、1969年に開業。同線は「西武」と付くのが正式名称です。

　沿線は関東でも有数の山岳路線で、**16のトンネル**、**35の橋梁**、**25‰以上の連続勾配区間**が介在します。中でも、1967年に着工し1969年に貫通した**正丸トンネルは全長4811m**と、当時は地下鉄を除き、私鉄最長のトンネルでした。西武秩父線は全線単線ですが、正丸トンネルはあまりにも長いため、トンネル内に正丸信号場が設けられ複線区間が459mあります。1996年に貨物列車は廃止されましたが、現在も旅客列車の行き違いに使用されています。

DATA

路線距離：19.0km
運行区間：吾野〜西武秩父間
路線駅数：6駅
全線開通：1969年10月14日
運行車両：10000系、4000系など

POINT

秩父鉄道
秩父鉄道は秩父本線羽生〜熊谷間と三ヶ尻線武川〜熊谷貨物ターミナル間を有する私鉄です。客貨両方を輸送する数少ない私鉄で、御花畑〜影森間で西武秩父線と接続します。

路線図

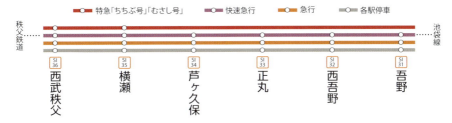

MAP

西武秩父線は池袋線の飯能～吾野間と一体運営されています。

秩父鉄道直通列車が乗り入れる

　池袋から秩父へは、西武秩父線の開業と同時に**5000系を使用した全車座席指定の特急**が設定されました。池袋～西武秩父間の特急は「**ちちぶ号**」、池袋～飯能間の特急は「**むさし号**」の愛称が付けられ、特急はその後10000系へ置き換えられました。快速急行・急行は飯能～西武秩父間の各駅に停車します。このうち下り2本、上り1本は飯能～吾野間で、西武秩父線には乗り入れません。各駅停車も含め車両は**4000系**が使用されますが、土曜休日には**2000系・20000系・30000系**が乗り入れます。同じく土曜休日は、**池袋駅から秩父鉄道長瀞駅・三峰口駅へ直通する快速急行**が設定されています。この列車は、横瀬駅で分割され続行運転となり、長瀞行きは西武秩父駅に入らず秩父鉄道御花畑駅へ、三峰口行きは西武秩父駅で折り返して秩父鉄道へ乗り入れます。

用語解説
パーミル（‰）
「千分率」と呼ばれる単位で、水平に1000m進むと何メートル上昇（下降）するかを示します。25‰は1000mにつき25m上昇する値です。ちなみに箱根登山鉄道では80‰の勾配区間があります。

豆知識
私鉄の長大トンネル
西武秩父線が開業した当時は正丸トンネルが私鉄で最長のトンネルでしたが、土木技術の発達で1975年に近鉄大阪線新青山トンネル（5652m）が掘削されました。現在は北越急行ほくほく線赤倉トンネル（1万472m）が最長です。

難工事で完成した正丸峠を越える

　西武秩父線の大半の列車は、**池袋線飯能駅から直通**しています。吾野駅で路線名が変わりますが、ここで運転系統が変わることはなく、乗客はあまり意識していません。

　吾野駅を発車した列車は、高麗川の支流を鉄橋で縫いながら進みます。そのたびに車窓は山深くなっていきます。

　正丸駅ホームの先端からは、正丸トンネルの入口が見えます。このトンネルは難工事で、**総工費は約80億円**もかかりました。正丸トンネルを走行中、**壁面に反射する音が、左側だけにわかに途切れる個所**があります。ここが複線区間で、石灰石・セメントを満載したホッパ車を何両も連ねた貨物列車が行き違いました。

　芦ヶ久保駅はハイキングの拠点の一つで、1973年に特急停車駅となりました。1998年ダイヤ改正で横瀬駅に特急が停車するようになると、芦ヶ久保駅の特急停車は不定期に格下げされています。

武甲山を見ながら西武秩父駅へ

　芦ヶ久保駅からはいくつかの短いトンネルをくぐり、下り勾配になります。そして、**横瀬トンネル**を抜けると急に周囲が開け、**秩父盆地**に入ったことが分かります。

　次駅の横瀬駅には**横瀬車両基地が併設**され、構内は広々としています。秩父鉄道直通列車は当駅で**分割併合**が行なわれます。下りはまず三峰口行きが発車し、5分後に長瀞行きが発車します。上りは長瀞発、三峰口発の順で当駅に到着し、連結されて池袋駅へ向かいます。横瀬駅を発車すると、路線はS字カーブを描くように延びています。**芝桜で有名な羊山公園**の下をトンネルで抜けると、左手には武甲山がそびえています。石灰石を採掘しているため異様な形になっていますが、この産品は西武鉄道を通じて出荷されました。

　西武秩父線は盛土の上を進み、左手の下に単線電化の秩父鉄道線が並走すると、西武秩父駅に到着します。

POINT
羊山公園
4〜5月に咲く芝桜で有名な公園。芝桜は約1万7600㎡の「芝桜の丘」に9種類、約40万株が植えられています。戦前に県の綿羊種畜場が設けられたことからこの名が付けられ、現在も多くの羊が飼われています。

用語解説
ホッパ車
粒状のものを袋詰めせず、ばら積みで運ぶ貨車を指します。鉱石・砕石・セメントなどの輸送に使用されています。軌道に敷く砕石輸送のためにホッパ車を保有している旅客会社も多く存在します。

豆知識
西武秩父線開業時の普通列車
西武秩父線開業と同時に5000系特急車両が投入されましたが、急行・各駅停車用として101系が誕生しました。25‰の連続急勾配に対応した主電動機・抑速ブレーキを備えていました。

西武秩父駅の西側に秩父鉄道が延びています。奥に見えるホームは御花畑駅。

西武秩父線建設の要因ともなった武甲山は、石灰石の採掘で山の形が変わっています。その姿は西武秩父駅からよく見えます。

幻の東横瀬駅

西武秩父線芦ヶ久保〜横瀬間には東横瀬駅がありました。旅客を扱わない貨物駅なので、車内などに掲出された路線図には掲載されませんでした。駅は横瀬駅から南へ約500ｍの地点から側線が延びた、三菱セメント(現・三菱マテリアル)横瀬工場内に設置され、セメントが搬出されました。西武鉄道が貨物輸送を廃止した1996年に廃止されています。跡地は線路脇の空き地になっています。

第2章　各路線の紹介

豊島線

西武で最も短い路線

練馬で地下鉄直通列車と連絡

　西武鉄道の前身、**武蔵野鉄道**が開業した路線です。**営業キロ1.0kmは西武鉄道の路線の中で最も短く**、全区間単線になっています。レジャー施設のとしまえんは、武蔵野鉄道が豊島線を開業したころは西武グループに属しておらず、1941年に武蔵野鉄道が買収し、戦中は一時閉園しましたが、戦後は西武鉄道が事業を継承しました。

　豊島線は練馬～豊島園間の1駅間しかなく、**上り初発および下り最終列車の各1本のみ線内運転**になり、残りの全列車は池袋まで直通します。また、練馬駅では豊島園発着列車が西武有楽町線～東京メトロ有楽町線・副都心線直通列車と連絡するダイヤが組まれています。これにより、練馬駅から地下鉄へ乗り入れることで本数が少なくなる池袋～練馬間を補完しています。豊島園駅はホームを長くする余地がなく、**8両編成ま**

DATA

路線距離：1.0km
運行区間：練馬～豊島園間
路線駅数：2駅
全線開通：1927年10月15日
運行車両：2000系など

POINT
豊島園の由来

豊島線・としまえんとも「豊島」の名前が付けられていますが、豊島区とは関係がありません。平安から室町時代に関東で勢力を持っていた豊島氏の城跡にとしまえんが開業したことに由来します。

豊島線は住宅地を単線のカーブで走り、いかにも支線のたたずまいです。

でしか対応できないため、豊島線に10両編成は入線しません。

住宅地の中を滑るように進む

豊島線の列車は、日中**15分に1本の割合で運行**されています。2003年に高架駅となった練馬駅の島式2面の内側（2・3番線）を、豊島線および当駅に停車する池袋線列車が使用します。豊島線は池袋線の上り線をくぐり、ゆっくり右カーブを描きながら高架線を降りていきます。ビルや住宅地の間をゆっくり進み、**次駅の案内放送が終わったころには、豊島園駅に到着**。練馬～豊島園間は**わずか2分**しかかかりません。豊島園駅がレジャー施設の正面にあることから、レジャー客輸送が主と思われがちですが、**池袋駅へ20分足らずで到着**できることから通勤客輸送がメインになっています。

独立した線名を有しながら1km程度の短路線は、全国でも珍しいものです。都内では、ほかに東武鉄道大師線（西新井～大師前間、1.0km）、京王電鉄競馬場線（東府中～府中競馬正門前間、0.9km）が同様の短路線に該当します。

豆知識
東武鉄道大師線
1931年に開業しました。西新井駅から東武東上線上板橋駅を結ぶ西板線計画の一部でしたが、戦争と都市開発により、大師前駅で途切れました。同駅は西新井大師（總持寺）の最寄り駅です。

POINT
京王電鉄競馬場線
日本中央競馬会（JRA）東京競馬場へのアクセス路線です。かつては競馬開催時に新宿から直通列車が走っていましたが、現在はすべて線内折り返しで、競馬開催時は東府中駅で接続し、増発されます。

路線図

豊島園駅を発車する池袋行き各駅停車。

東京メトロへの連絡を担う
西武有楽町線

西武で最も新しい路線

　練馬〜小竹向原間のこの路線は、**池袋線と営団地下鉄**（現・東京メトロ）**有楽町線と連絡する目的**で建設されました。1980年代以降、乗客が増加する一方の池袋線は、とくに朝のラッシュ時の混雑が激しく、池袋線では輸送力に限界が来ていました。これを抜本的に解決する策として、**練馬〜小竹向原間を新設**することにしました。西武秩父線と同様に、路線名に「西武」が付いています。

　まず、1983年に新桜台〜小竹向原間が先行開業しました。この時点ではどの西武線にも接続しておらず、営団地下鉄の支線のような状態でした。1994年に練馬〜新桜台間が開業し、営団地下鉄有楽町線と相互直通運転が開始されます。このときは練馬駅の高架化工事が遅れたため単線での暫定開業で、池袋線へは乗り

DATA
- 路線距離：2.6km
- 運行区間：練馬〜小竹向原間
- 路線駅数：3駅
- 全線開通：1994年12月7日
- 運行車両：6000系、東京メトロ10000系、東急5050系など

💡 POINT
西武有楽町線の"上り下り"

1983年の開業時は新桜台を始点とし、1994年に練馬へ延伸した際に、練馬を始点としました。しかし、池袋線列車にそろえるため、ダイヤ上は小竹向原発を下り列車としています。

練馬駅から西武有楽町線に入る6000系。6157編成には西武鉄道の前身、武蔵野鉄道開業100周年を記念して、ステンレス車体に黄色のラッピングが施されました。

入れていません。1998年に**練馬駅の高架化完成**と同時に、**池袋線との直通運転**が実施されました。

すべての列車が各駅に停車する

　西武有楽町線は、**練馬駅以西からターミナルの池袋駅へのバイパス路線**として発展しました。さらに2013年には**東京メトロ副都心線・東急電鉄東横線・横浜高速鉄道みなとみらい線との相互直通運転**が開始され、飯能～元町・中華街間が1本の列車で結ばれました。

　東京メトロ池袋～小竹向原間を走る列車は、日中に片道22本程度設定されています。このうち8本が西武有楽町線へ乗り入れ、2本が快速急行です（朝と夜は準急・快速あり）。もっとも、西武有楽町線内では**快速急行・準急・快速も各駅に停車**します。

　練馬駅を発車した列車は高架を降り、すぐに地下線へ入ります。左カーブを描いて約3分で新桜台駅に到着します。続いて約3分で小竹向原駅へ。池袋線から東京メトロ有楽町線・副都心線へ乗り入れる列車は日中、4本対4本とほぼ同じ割合になっています。

POINT
東京メトロ副都心線
和光市～渋谷間の地下鉄線です。和光市～小竹向原間は東京メトロ有楽町線と線路を共用しています。小竹向原～池袋間は1985年に「有楽町新線」として先行開業しました。

豆知識
西武鉄道で唯一全線が複線
西武有楽町線は短区間ながら、独立した線名を持つものとして唯一全線が複線です。池袋線は飯能以北が、新宿線は本川越の手前で単線になっています。

路線図

東京メトロ線直通運転のみ停車

西武の2大幹線の一つ
新宿線

中野区、杉並区の住宅密集地を行く

　新宿線の起点は西武新宿駅です。他社の新宿駅は、すべてJR新宿駅と隣接していますが、**西武線だけは少し離れて**います。これは、もとは仮の駅として設置されていたものが、さまざまな事情から動かせなくなってしまったためです。もっとも、歌舞伎町界隈で飲んで帰るサラリーマンなどには、大変便利な場所にあります。

　西武新宿駅を出発すると、路線は、**JR山手線、埼京線、湘南新宿ラインと並走**します。西武線に新大久保駅はなく、次の停車駅は高田馬場駅です。

　高田馬場は、山手線と地下鉄東西線との乗換駅であり、早稲田大学を始めとする学生街でもあるので、**乗降客は多く、新宿線最大**となっています。高田馬場駅を出た列車はガードを渡ると、左へ急カーブしながら、JR線の下をくぐって進路を西へ変え、住宅密集地を進みます。この辺りの駅には、駅前ロータリーはほとんどなく、また、線路際まで住宅が立ち並んでいます。

DATA
路線距離：47.5km
運行区間：西武新宿～本川越
路線駅数：29駅
全線開通：1952年3月
最高速度：105km/h
運行車両：2000系、6000系、10000系、20000系、30000系など

豆知識
新宿線のキロポスト
路線建設の経緯から、ゼロキロポストは西武新宿駅ではなく、高田馬場駅にあります。ここから所沢駅の手前までキロポストが続きます。一方、本川越駅にもゼロキロポストがあり、国分寺駅まで連続して打たれています。

本川越駅を出発、JR川越線と東武東上線の下をくぐって西武新宿駅を目指す特急「小江戸号」。

武蔵野の住宅街を走る

鷺ノ宮を出て、中野区から杉並区へ入る下井草辺りから畑がちらほらと現れ、郊外らしい雰囲気になります。車両基地があり急行停車駅である上石神井駅、武蔵関駅と練馬区を通り、早稲田大学のキャンパスやグラウンドのある東伏見駅からは東京23区外になります。

列車は花小金井辺りから北西へ進路を変え、小平から久米川へ。右へカーブして北に向かって進み始めると、**国分寺線と合流**、東村山駅に到着します。**西武園線も分岐するジャンクション駅**でもある東村山駅には、特急「小江戸号」が停車します。

列車は東村山を出ると、埼玉県に入り、秩父方面へ向かう**池袋線と交差する**と所沢駅に到着します。

豆知識

新宿線の立体交差計画

昔ながらの線路を使い、踏切が多い新宿線ですが、中井〜野方間では立体交差工事が始まっています。高架ではなく地下化され、新井薬師前駅と沼袋駅が地下駅になる予定です。

地下鉄乗り入れのない孤高の新宿線

JR山手線の各駅に接続し、郊外へ向かう私鉄線で地下鉄乗入れを行なっていないのは、西武新宿線、京王井の頭線、東急池上線の3路線。このうち、都外まで延びる路線で、乗り入れのない路線は西武新宿線のみです。

路線図

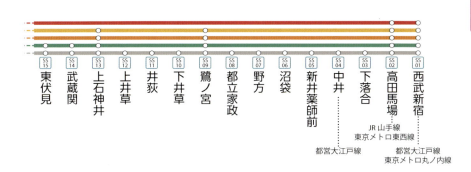

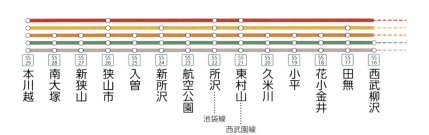

南北方向に延びる新宿線を所沢からさらに北へ

　所沢駅の先の路線は、池袋方面へ向かう**池袋線が右にカーブして南東に延び**、**新宿線が北西に**延びます。新宿線を進むと右手に広がる航空公園の最寄り駅航空公園駅を通り、新所沢駅へ。西口にはビルが立ち並び賑やかです。

　この先、入曽駅との間に**南入曽車両基地**があるため、新所沢駅止まりの列車が、ラッシュ時を中心に何本も設定されています。車両基地への出入り口には、**南入曽信号場**があります。

　列車が入曽駅を出ると、左側には**航空自衛隊入間基地**が広がります。基地の向こう側には池袋線が走っていますが、それを見ることはできません。

　特急「小江戸号」の停車駅狭山市駅辺りから緩やかに右にカーブし、北東方向に向かいます。線路の両側は、整然と工場が並ぶ**川越狭山工業団地**です。

　南大塚駅の本川越方面ホームの裏手には、**途切れた線路**が残っています。これが、2016年2月に整備計画の廃止が発表された安比奈線です。

新宿線の終着駅へ

　南大塚駅を出た列車は、いよいよ終点本川越へ向かいます。関越自動車道川越インターチェンジの下をくぐり、もう少しで本川越という場所に**脇田信号場**があります。

　西武新宿駅から延々と続いてきた複線区間はここまでで、ここから終点までの1km足らずは単線になっています。東武東上線とJR川越線の下をくぐるガード拡幅工事の影響などもあり、単線のままになっているという話もあります。

　終点の本川越駅は、西武系列のホテルやショッピングセンターと一緒になったビルの下にあります。3線の真ん中が特急ホームです。川越の観光名所に歩いていける便利な場所にあります。

豆知識

本川越駅と川越駅
本川越駅とJR＆東武東上線の川越駅は1km近く離れていて、歩くと10分ほどの距離です。商店街を通り抜けると、道に迷ってしまうかもしれません。

駅間距離
新宿線は、23区内では駅間距離が短く、都立家政〜鷺ノ宮間は0.5kmしかありません。同じ都区内でも、西武新宿〜高田馬場間は2kmも離れています。一方、南大塚〜本川越間は、途中に信号場があるものの、3.6kmも離れていて、これは新宿線最長駅間距離です。

武蔵関〜東伏見間にて、満開の桜の中を走り抜ける準急列車。

南大塚駅に到着する本川越行き各駅停車。

 Mini Column

都心と川越を結ぶ鉄道

西武新宿線とJR埼京線、東武東上線を比較してみましょう。まずは西武新宿線（西武新宿〜本川越間）。特急は所要時間45分、運賃500円＋特急券420円です。急行の場合は61分、運賃500円のみです。次に、東武東上線（池袋〜川越間）。急行31分、運賃470円。最後に、JR埼京線川越線（新宿〜川越間）。快速で55分、運賃760円です。東武東上線は速くて安いですが、池袋駅始発。新宿駅から利用するとなると、JR山手線の池袋駅までの所要時間9分と運賃160円を加算する必要があります。これらを考えると、西武新宿線が安くて便利です。所要時間で速いのは特急「小江戸号」利用ですが、昼間は1時間に1本なので、時刻表を見てから利用するのがよいでしょう。

第2章　各路線の紹介

西武最古の伝統ある路線

国分寺線

川越から都心へ向かう重要路線

　国分寺線は、国分寺駅から小川駅を経て、東村山駅に至る路線です。今ではローカルなイメージの強い路線ですが、かつては西武の中でも特に重要な路線で、しかも**最古の歴史を誇る路線**でもあります。

　国分寺線は、**川越鉄道の路線**として1894年に国分寺と久米川仮駅間が開通、1895年に川越駅（現・本川越駅）まで全線開業しました。国分寺駅が起点となったのは、**甲武鉄道**（現・JR中央線）系の資本家からの出資があったためです。川越鉄道の列車は甲武鉄道に乗り入れ、当時の都心側のターミナル駅だった飯田町駅まで直通していました。川越鉄道は、**川越と東京を結ぶ重要なルート**だったのです。

幹線の一部からローカル線へ

　後に、甲武鉄道は国有鉄道に組み込まれてしまいますが、川越鉄道は何度かの合併の後に西武系列の会社に組み込まれ、袂を分かつことになります。

　国分寺線の国分寺駅ホームは、中央線と並んでいますが、それだけではなく、**かつては線路がつながっていて貨物列車の受け渡しがありました**。一方、同じ西武鉄道でも多摩湖線の国分寺駅ホームとは段差もあり、かなり離れていて線路もつながっていません。このような状況が生まれたのは、上記のような歴史的経緯があったからです。

　昭和に入り、東村山と高田馬場を結ぶ新線が完成すると、本川越〜東村山間は新しい都心へのルート（現・新宿線）に組み込まれ、電化されて、高田馬場駅へ向かう列車の運転が始まりました。

　一方、取り残された国分寺と東村山間は支線に格下げとなり、第2次大戦終了後の1948年にようやく電化されるまで、長らく蒸気機関車による運転でした。

DATA
路線距離：7.8km
運行区間：国分寺〜東村山
路線駅数：5駅
全線開通：1895年3月
最高速度：85km/h
運行車両：2000系、新2000系

用語解説
甲武鉄道
JR中央線の前身。1904年、わが国では、路面列車以外の一般鉄道で、初めて列車を使用したことで知られています。なお、日本最初の路面列車は京都市電で、1895年に営業を開始しました。

豆知識
国分寺発本川越行き
長らく国分寺線内折り返しや、西武園、新所沢まで乗り入れが続いていましたが、2008年、久しぶりに定期列車が国分寺〜本川越間を走り始めました。昼間だけですが、1時間に1本設定されています。

かつての重要ルートをたどる本川越発国分寺行き。新宿線南大塚駅にて。

路線図

●━ 各駅停車

SK01 国分寺 …… JR中央線／多摩湖線
SK02 恋ヶ窪
SK03 鷹の台
SK04 小川 …… 拝島線
SK05 東村山 …… 新宿線／西武園線

第2章　各路線の紹介

鷹の台～小川間を走る国分寺駅行き列車。

 Mini Column

川越と都心をつなぐルート選定

川越から東京までを単独の会社が鉄道を敷くのは大事業でした。そこで川越鉄道はほかの鉄道の駅まで線路を敷いて都心まで乗り入れることを計画しました。川越から既存の鉄道まで一番距離が短いのは、今のJR川越線ルートで大宮へ向かうことでした。しかし、途中には荒川があります。橋梁建設は、当時の技術では難工事でした。そのため、距離は長くなるものの、途中に所沢という街もあり、工事も楽な国分寺へのルートを選んだわけです。

国分寺線を国分寺から北上して東村山へ

　JR中央線国分寺駅の隣のホームから国分寺線の列車は発車します。しばらく中央線と並走した後、ゆるやかに右にカーブして北上します。

　線路は単線ですが、**羽根沢信号場から複線**になり、恋ヶ窪駅まで続きます。恋ヶ窪駅が近づくと、左手から斜めに立体交差する**JR武蔵野線の複線の線路を跨ぎ**ます。JR武蔵野線は、この地点から小平トンネルに入ってしまうため、右手に武蔵野線の線路を確認することはできません。

　恋ヶ窪駅では、列車の行き違いがあり、出発した列車は再び単線に戻ります。辺りは**住宅地**ですが、**緑も多く畑もあちこちに**見えます。

　東西に延びる緑地帯は有名な**玉川上水**ですが、列車に乗っていると、あっけなく通過してしまいます。右手に広がる緑豊かな小平中央公園が見えると、鷹の台駅に停車します。

他路線との合流、立体交差

　やや広々とした畑や宅地の中を進み、左手から**複線の拝島線が合流**してくると列車は小川駅に到着します。**2面4線の乗換駅で平面交差**となっていて、線路が錯綜しています。

　小川駅では、西武新宿へ向かう拝島線上りホームが左隣にあり、上り線は駅を出ると、国分寺線を跨いで、右手に曲がっていきます。ここも**平面交差なので同時発車はありません**。また、この駅でも国分寺線のすれ違いがあります。

　小川駅を出て団地の脇を通り、野火止用水を越えると、多摩湖線の下をくぐります。同じ西武線ですが、歴史的に別の鉄道会社に属していた名残から、乗換駅はありません。

　列車が進むと、まもなく、右手から新宿線が現れ、並走して東村山駅に到着します。

用語解説

羽根沢信号場
国分寺駅から0.9kmの地点にあり、ここまでが単線、その先の恋ヶ窪駅までの1.2kmが複線という境界地点にある信号場です。線路際には日立製作所中央研究所の緑豊かな敷地が広がっています。

JR武蔵野線
国分寺線とは交差するだけで、乗り換えのできる駅はありません。武蔵野線新小平駅に一番近いのは多摩湖線青梅街道駅で、徒歩7〜8分の距離(約700m)です。

単線のため恋ヶ窪駅ですれ違う国分寺行きと東村山行き。

小川駅の平面交差。

 Mini Column

多摩湖線と国分寺線の接続
多摩湖線と国分寺線は交差するものの乗り換えができません。どちらも国分寺駅が終点ですから、国分寺へ行くのなら駅がなくても問題はないでしょう。もし、武蔵大和、八坂辺りから鷹の台、恋ヶ窪へ行くのなら、萩山駅で拝島線に乗り換えて、小川駅で国分寺線に乗り換えることになります。あるいは東村山駅へ行きたいのなら、小平駅に出て、新宿線に乗り換えることになりますが、ちょっと大回りです。

第2章 各路線の紹介

多摩湖線

性格の異なる2つの区間で構成される

西武遊園地駅に到着後、すぐに萩山行きとして折り返す。

多摩湖鉄道から武蔵野鉄道、西武鉄道へ

　多摩湖線は、国分寺駅から萩山駅を経て、西武遊園地駅に至る路線です。多摩湖線という名称は、終点の西武遊園地駅が**村山貯水池（通称・多摩湖）**に近く、開業した昭和初期には東京郊外の観光地であったため、**アクセス路線としてアピール**する目的もありました。実際、1951年から1979年までは西武遊園地駅は**多摩湖駅**という名称であり、そこに向かう多摩湖線という路線名も当然のものでした。

　多摩湖線は、開業時は**多摩湖鉄道**が経営し、1928年に国分寺〜萩山間が開通、1930年には萩山〜村山貯水池（現・西武遊園地駅）まで延伸。1936年に村山貯水池駅が約900m移動して本駅となり、全線開業しました。その後、1940年に**武蔵野鉄道に合併**し、さらに戦後、**西武農業鉄道**を経て、今の西武鉄道多摩湖線となったのです。

DATA

路線距離：9.2km
運行区間：国分寺〜西武遊園地
路線駅数：7駅
全線開通：1936年12月
（新交通システム開業＝1985年）
運行車両：新101系

用語解説

村山貯水池
1927年、狭山丘陵の渓谷につくられた人造湖で、通称「多摩湖」。東京都水道局が管理しています。花見で賑わい、風光明媚な散策コースとして人気があります。

路線図

━○━ 各駅停車

ST01	ST02	ST03	ST04	ST05	ST06	ST07
国分寺	一橋学園	青梅街道	萩山	八坂	武蔵大和	西武遊園地

国分寺……JR中央線・国分寺線
萩山……拝島線
西武遊園地……山口線（レオライナー）

Mini Column

多摩湖線の運転形態

かつては、国分寺～萩山、萩山～西武遊園地（多摩湖）と２つの区間は別の路線のようでした。国分寺～萩山間は、同区間折り返しのほか、朝のラッシュ時には国分寺～一橋学園間の区間運転がありました。

萩山～西武遊園地は、新宿線・拝島線直通列車が多くあり、萩山駅で編成を分割する拝島・多摩湖（西武遊園地）行き列車もかなりの本数が運転されていましたが、次第に廃止されました。その後、小平～西武遊園地直通もありましたが、今は、多摩湖線内のみの運転になっています。

一橋学園～青梅街道を走る国分寺行き列車。

統合により利便性が向上

当初、多摩湖鉄道の萩山駅は、青梅街道駅寄りにあり、そこから右に分岐して本小平駅へと向かう**小平線**もありました。本小平駅は、今の新宿線小平駅のすぐそばにありましたが、当時は**別の鉄道会社だったため乗り換えが不便**で、統合されるまでに、かなりの年月を必要としました。また、都心から萩山駅を経由して多摩湖方面に直通するには、**スイッチバック**しなければなりませんでしたが、**萩山駅を現在の位置に移転**したことで、都心から萩山駅を経由してスムーズに多摩湖方面へ直通できるようになりました。

このような事情から、一時は、国分寺～萩山間の折り返し、萩山～多摩湖間は新宿線からの直通運転が主流となっていましたが、現在では、新宿線からの直通はほとんどなくなり、多摩湖線全線の通し運転が基本となっています。

豆知識

小平線

萩山～本小平の１駅間は、多摩湖線の本線の電圧が1500Vに変わった後も600V電圧のままで、旧式の小型列車１両による折り返し運転が行なわれていました。

多摩湖線の車窓から
（国分寺〜萩山）

　国分寺駅の多摩湖線のホームは、JR中央線、国分寺線の乗り場とは少し離れています。駅を出た列車は、**道路に挟まれた単線区間**をしばらく走るため、車内にいると路面列車に乗っているのかと錯覚してしまいそうです。

　次の一橋学園駅までは、都内にしては距離が長く、2.4kmもあります。その間に**本町信号場**があり、列車の行き違いができるようになっていました。今は、一橋学園駅ですれ違いが行なわれるので、この信号場で列車交換をすることはなくなりました。

　本町信号場を過ぎると、列車は玉川上水を渡り、右手に国土交通大学校が見えてくると一橋学園駅に着きます。ここで、**列車行き違いのため少し停車**します。

　一橋学園駅を出た列車は住宅街を進み、小平市役所と図書館の間を通って青梅街道を越えると、すぐに青梅街道駅に停車。行き違いができない**ホーム片面1線の棒線駅**なので、すぐに発車します。

　国立精神・神経医療研究センター病院や萩山公園の脇を通り、右から拝島線が近づいてくると、左にカーブして萩山駅に到着します。昼間に走っている萩山駅で折り返す列車に乗っている場合、さらに先に行くには、同じホームの反対側に萩山駅と西武遊園地駅を往復している列車に乗り換えます。

萩山駅から西武遊園地駅へ

　萩山駅を出た列車は、拝島方面へ向かう拝島線の複線の線路を平面で横断し、さらに電留線を含む複雑に敷かれた線路を渡り、左右に揺れながら先へ進みます。

　八坂駅を過ぎると、**国分寺線と交差**します。元々は別の鉄道会社だったため駅がなく、乗り換えはできません。左手に東村山中央公園が見えてくると、回田(めぐりた)信号場に着き、線路が分岐します。この**回田信号場は1.7kmもの長い信号場**で、部分複線区間のような構造のため、停車せずに通過することも可能です。次の武蔵大和駅を経て、終点の西武遊園地駅に到着します。

用語解説

信号場
駅のように上下列車の行き違いができるような施設です。停車はするもののホームはなく、ドアはもちろん開かず、乗り降りはできません。

電留線
本線から分岐した線路に列車を停めておく施設。屋根のある車庫があるわけではなく、車両整備や修理は行なわれません。あくまで列車が一時休むための場所です。

西武遊園地駅からの列車が萩山駅に到着すると、反対ホームでは萩山発国分寺行き列車が待機しています。

一橋学園〜青梅街道間を走る萩山行き列車。

 Mini Column

多摩湖線を走る車両

かつての多摩湖線国分寺駅は、ホームの長さが60mほどしかなく、20m車4両編成は入れませんでした。そのため、17m車3両編成の旧型車両が中心で、西武鉄道では最後までつり掛け駆動の旧型列車が走って鉄道ファンの注目を集めていました。国分寺駅の改良工事に伴い、ホームの長さを延長することができたので、今は新101系といわれる20m車4両編成で、ワンマン運転が行なわれています。

第2章 各路線の紹介

3社の歴史に翻弄された
西武園線&狭山線

村山貯水池をめぐる争い

　通称「多摩湖」と呼ばれる村山貯水池付近の狭山丘陵は、都心からの日帰り行楽地として注目を集め、昭和初期に**3つの鉄道会社が競って路線を開設**しました。

　最初に開業したのは1929年5月1日の**武蔵野鉄道山口線**で、現在の**狭山線**です。続いて、1930年1月23日に**多摩湖鉄道**（現・多摩湖線）が南から乗り入れました。そして、この2社に遅れてはならないと、**旧西武鉄道**は多摩湖鉄道開業のわずか3カ月後の1930年4月5日に、東村山駅から西に向かって線路を延ばしました。

　このようにして、観光客をめぐる鉄道会社3社による三つ巴の競争が始まりました。しかし、太平洋戦争が始まると、多摩湖線以外は不要不急路線として休止となりました。

西武鉄道の路線として再出発

　戦後、**3つの路線はすべて西武鉄道の所属となり**、休止路線も復活しました。同じ鉄道会社となったことで、それぞれの路線がうまく役割分担をすることになりました。

　西武園線は、途中に信号場を設け、西武園駅へ分岐する路線を新設。**西武園競輪場へのアクセス路線**となりました。その一方で、元からあった多摩湖線直近の**駅はアクセスが分散してしまうために廃止**となり、現在の西武園線が出来上がりました。

　狭山線は、多摩湖だけではなく狭山湖へのアクセス路線として機能してきましたが、西武球場ができたことで、運命が大きく変わりました。終点の**駅名も狭山湖駅から西武球場前駅に変更**。ホームも増設され、野球観戦やイベント客の輸送に大活躍することになり、現在に至っています。

DATA

西武園線
路線距離：2.4km
運行区間：東村山〜西武園
路線駅数：2駅
全線開通：1930年4月
運行車両：新2000系など

DATA

狭山線
路線距離：4.2km
運行区間：西所沢〜西武球場前
路線駅数：3駅
全線開通：1929年5月
運行車両：2000系など

豆知識

西武園
西武園と名が付く施設は、「西武園ゆうえんち」、「西武園競輪場」、「西武園ゴルフ場」と複数あります。「西武園ゆうえんち」に行くなら、西武園線ではなく、多摩湖線の西武遊園地駅を利用した方が便利です。

西武園駅に到着し、東村山行きとして折り返す西武園線の列車。

路線図（西武園線）

路線図（西武狭山線）

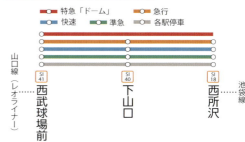

1930年代当時の村上貯水池近辺の鉄道MAP

当時は村山貯水池とその周辺の観光地をめぐり、鉄道3社が乗客誘致を競っていました。

 Mini Column

西武村山線

東村山駅からわずか1駅しかない西武園線ですが、実は壮大な計画路線のごく一部でした。現在の新宿線の延長区間として、東村山駅から西へ向かい、JR八高線の箱根ヶ崎駅まで路線を延ばす予定でした。
ほかの鉄道会社が多摩湖へのアクセス路線を相次いで開業させたので、遅れをとらないよう慌てて東村山駅から1駅だけを開通させました。残りはそのうち造ろうと工事竣工延期願いを鉄道省に出したところ、それまでも度々延期願いを出していたため、とうとう免許を失効させられてしまいました。このため、箱根ヶ崎駅への延長はなくなってしまったのです。

たったの3分で走破できる 西武園線の運転形態

　西武園線は、新宿線東村山駅から西武園駅まで、**わずか1駅、所要時間3分の短い単線の路線**です。西武鉄道では、豊島線の1.0ｋｍに次いで全線の距離が短い路線です。かつては西武新宿駅への直通列車も走っていましたが、現在はありません。

　早朝に国分寺駅と西武園駅を、国分寺線経由で直通する列車が何本かありますが、それ以外は、すべて東村山駅と西武園駅を折り返し運行しています。昼間は、1時間に3本、20分ごとの運転です。

池袋線・山口線に挟まれる 狭山線の運転形態

　狭山線は、所要時間は6分の短い路線で、西所沢駅と西武球場前駅の間に下山口駅があります。単線の路線ですが、**下山口駅で列車のすれ違いができる**ようになっています。

　通常は、昼間は1時間に4本、15分ごとの運転ですが、**西武球場へのアクセス路線**として、埼玉西武ライオンズの試合や各種イベントが開催されるときには**臨時列車が多数運転**されます。

　池袋駅からの直通列車は快速や準急もあります。本数は少ないですが、西武新宿駅や本川越駅からの新宿線直通もあります。

　ほかにも、**地下鉄直通列車**が走っています。東京メトロ有楽町線新木場駅からの列車のほか、副都心線、東急東横線直通運転が開始されてからは、みなとみらい線直通の元町・中華街から西武球場を目指す列車も設定されるようになりました。所要時間は、1時間30分ほどです。

　このほか、**特急「レッドアロー号」**の車両を使った臨時特急が走ることもあります。

用語解説

元町・中華街行き
狭山線で西所沢へ出た後は、池袋線、西武有楽町線を経由した後、東京メトロ副都心線、東急東横線、そして横浜高速鉄道みなとみらい線を走破して元町・中華街駅に到着します。

狭山線西所沢～下山口間。下山口駅には交換設備があり、列車のすれ違いが行なわれます。

広々とした西武球場前駅の1番線のホームに到着した列車。

Mini Column

狭山線を走る車両

普段は、新2000系4両編成で線内を往復しています。しかし、臨時列車が乗り入れてくると10両編成の6000系、9000系、20000系、30000系といったさまざまな形式の車両を見ることができます。ニューレッドアロー10000系も入線しますし、東京メトロ7000系と10000系、東急5050系、横浜高速鉄道Y500系の姿を目にすることもある、にぎやかな路線です。

第2章　各路線の紹介

拝島線

複数の路線をつないで完成した

列車の本数が多い拝島線

　拝島線は、新宿線の小平駅から分岐し、拝島駅へ向かう14.3kmの路線です。

　新宿線の支線のようでもありますが、西武新宿発拝島行きの急行列車が、昼間は1時間3往復なのに対し、新宿線の終点本川越に向かう急行も1時間3往復です。そのため、支線というよりは、別の幹線といってよい路線で、実際、**西武鉄道でも第3の重要ルート**に位置付けられています。

　拝島線内は、きっちり20分ごとの「急行」列車のほかに、小平始発の列車が20分ごとに走っています。このうち、2本は途中の玉川上水駅で折り返し、1本は拝島行きです。つまり、**小平〜玉川上水間は、昼間でも10分おきに列車が走って**いるのです。

　また、「急行」とはいえ、田無駅から先は各駅に停まるため、**拝島線内はすべて各駅停車**となります。**玉川上水駅までは複線**で、利用客も多く、利便性の点でも問題はありません。

比較的新しい路線

　拝島線の歴史は比較的新しく、全線開通は1968年のことでした。元々は、現在の**小川駅から玉川上水駅まで延びていた工場専用線**を西武鉄道の路線とし、**上水線と命名**して、1950年に旅客営業を開始したのが起源です。

　その後、小川駅から延びていた工場専用線を利用して小川〜萩山をつなぎ、小平から玉川上水まで1本の路線としました。こうして新宿線から直通運転ができるようになりました。

　さらに、1968年には、玉川上水駅から拝島駅まで延伸。上水線の名は**拝島線**と改められ、現在の形ができ上がったのです。

DATA
路線距離：14.3km
運行区間：小平〜拝島
路線駅数：8駅
全線開通：1968年5月
運行車両：2000系、新2000系、6000系、20000系、30000系

用語解説
工場専用線

工場へは原料の輸送を、工場からは製品を出荷するために、工場と鉄道の本線を結んで敷かれた路線。貨物列車が走ります。一部、従業員輸送を行なう路線もありました。かつては全国に相当数ありましたが、トラック輸送がメインとなり、専用線は減っています。

豆知識
上水線の列車

1950年の開業当初は非電化路線で、戦前製の小型ガソリンカーが1両だけで往復していました。1954年に電化されましたが、列車が足りなかったので、しばらくはガソリンカーも相変わらず活躍していました。

武蔵砂川駅に到着する拝島行き急行列車。

路線図

●━● 急行　　●━● 準急　　●━● 各駅停車

SS36	SS35	SS34	SS33	SS32	SS31	SS30	SS19
拝島	西武立川	武蔵砂川	玉川上水	東大和市	小川	萩山	小平
JR五日市線／JR青梅線／JR八高線			多摩モノレール		国分寺線	多摩湖線	新宿…

第2章　各路線の紹介

西武立川駅に到着する小平行き各駅停車。昼間の拝島発小平行きは本数が少ない。

拝島線 vs JR青梅特快

1968年当時、新宿駅から拝島駅までは国鉄利用の場合、立川駅乗り換えで61分かかりました。対する西武鉄道は西武新宿駅から直通の準急で57分。西武鉄道の方が優位でした。2015年現在では、新宿から拝島まで、JR中央線・青梅線直通の青梅特快を利用すれば、所要時間は約37分、運賃は470円。一方、西武新宿から拝島まで急行で所要時間約48分、運賃440円。料金面では西武鉄道に軍配が上がりますが、所要時間ではJRに抜かれてしまいました。

ほかの路線との平面交差が続く

　拝島線の起点小平駅を発車すると、すぐに線路は**本川越方面へ向かう新宿線と分かれ**ます。新宿線下り線と拝島線上り線は平面交差しています。

　列車が進み、左手から**国分寺駅から延びる多摩湖線**が近づいてくると萩山駅に到着。ここでも西武遊園地駅へ向かう多摩湖線と拝島線は平面交差しています。**多摩湖線の脇には電留線がある**ので、かなり複雑な線路配置です。

　萩山駅から先は両側にタイヤ工場が立ち並び、府中街道を高架で渡ると大きく左へカーブします。今度は**右手から単線の国分寺線が合流**し、拝島線の上り線と平面交差します。

　小川駅では、国分寺線の両側に拝島線の線路があり、拝島行きが停まるホームの反対側は国分寺行き乗り場です。

意外にのどかな拝島線の車窓

　小川駅を出発した列車は、国分寺線と平面交差し、右へ大きくカーブして、西へ向かって進みます。住宅地ですが、畑も多く、車窓は広々としています。

　高架の東大和市駅に停まり、発車すると、左手には**豊かな木立に覆われた玉川上水の緑道**が見えてきます。その後、**右手に車両基地が現れたら**、玉川上水駅に到着します。駅の西端で**多摩都市モノレールがほぼ直角に立体交差**しています。このモノレールに乗れば、10分で、JR立川駅に隣接する立川北駅に到着します。この路線により飛躍的に便利になりました。

　ここから次の武蔵砂川駅までは単線です。列車は国立音楽大学のキャンパスの脇を通り、住宅や畑が点在するところを走ります。**武蔵砂川駅から西武立川駅までは複線**です。西武立川駅といっても、JR立川駅からは遠く離れています。また、駅の周り、とくに北側には畑が広がり、ずいぶんのどかな雰囲気が漂う駅前です。

　この先は、再び単線になります。列車が進みJR青梅線や八高線が近づいてくると、終点拝島駅に到着します。

📖 用語解説

平面交差
同一平面上で交差すること。立体交差と違って、列車ダイヤでの制約があったり、ダイヤが乱れると信号停止などのデメリットがありますが、少ない用地で交差できるメリットがあります。

玉川上水
江戸時代に造られた上水路で羽村から四谷まで43kmにも及んでいました。史跡として保存され、緑豊かな遊歩道になっている区間が多くあります。

夕陽を浴び、西武立川駅に入線する急行西武新宿行き。

小川駅を発車後、国分寺線と平面交差し、西武新宿駅へ向かう拝島発の急行列車。

 Mini Column

拝島線を走る車両

西武新宿から直通する急行列車は10両編成で、黄色い2000系と新2000系、青い6000系と20000系、愛称がスマイルトレインという30000系が使われています。小平と玉川上水駅、拝島駅を結ぶ線内折り返しの各駅停車は6両編成や8両編成の2000系と新2000系です。また、近年は、臨時特急として10000系「ニューレッドアロー」が姿を見せることもあります。

どこともつながっていない孤立路線
多摩川線

多摩川の砂利輸送が目的

　JR中央線の武蔵境駅から分岐して是政駅に至る多摩川線は、**ほかの西武線と全く接続していない孤立した路線**です。元々は、**多摩川の砂利を輸送**するために敷設された鉄道で、**多摩鉄道**として創業し、後に西武鉄道に吸収されました。

　砂利輸送はずっと昔に廃止となり、現在は旅客輸送だけです。**単線で4両編成**、運転士のみで車掌は乗務しない**ワンマン運転**で運行されています。

　早朝と深夜を除き、平日も土曜休日もぴったり12分間隔の運転です。昼間は、新小金井駅と白糸台駅で上下列車のすれ違いが行なわれます。多磨駅ですれ違いが行なわれるのは、早朝や深夜のみです。

切符用の自動改札機なし、
夢と消えた延伸構想

　武蔵境駅以外の駅には**自動改札機がありません**。切符を買ったら、そのまま列車に乗り、降りる駅の改札口で、切符を駅員に手渡します。

　また、ICカード乗車券利用者のための簡易改札機も全駅に設置されています。

　起点の**武蔵境駅以外ではほかの鉄道路線とつながっていません**。

　京王線とは交差していますが乗り換え駅はなく、最も近い多摩川線白糸台駅と京王線武蔵野台駅は、歩くと10分近くかかります。また、終点の是政駅から少し歩いたところにある多摩川を渡ると、JR南武線の南多摩駅がありますが、こちらも、徒歩で10分以上の距離です。

　かつては、是政駅から多摩川を渡って**多摩ニュータウンへ延伸する構想**もありましたが、実現しませんでした。

DATA
路線距離：8.0km
運行区間：武蔵境〜是政
路線駅数：6駅
全線開通：1922年6月
運行車両：新101系

用語解説
砂利輸送
多摩川の砂利を輸送するために開業した鉄道としては、多摩川線のほか、東急玉川線、JR南武線などがあります。また、2016年2月に整備計画の廃止が発表された安比奈線は、入間川の砂利輸送のために敷かれた路線でした。

POINT
ICカード乗車券の簡易改札機
無人駅、または自動改札機を設置するほどは乗降客がない小駅に設置されているカードリーダーです。入場用と出場用で1セットとなり、ICカード乗車券をタッチするとチャージされている額が表示されます。

豆知識
2つの多摩川線
旧東急目蒲線の多摩川駅と蒲田駅の間の区間は、地下鉄との直通運転により目黒線となった区間と分離されたため、東急多摩川線と改称されました。先に西武鉄道の多摩川線があったため、「東急」をつけて区別されました。

新小金井〜多磨の住宅地を快走する是政行き列車。複線化用地があるが、単線のままとなっています。

路線図

●━━● 各駅停車

SW06 是政 — SW05 競艇場前 — SW04 白糸台 — SW03 多磨 — SW02 新小金井 — SW01 武蔵境 ……JR中央線

第2章 各路線の紹介

多磨〜白糸台間を走る新101系列車。

緑豊かな多摩川線の車窓

　JR中央線の隣にある武蔵境駅を出た列車は、高架を下って地上に降りると、JR中央線と分かれて南西方向に向かいます。一つ目の新小金井駅で、早速対向列車とすれ違います。

　新小金井駅を出た列車は、しばらく進むと野川を渡り、**右に武蔵野公園、左に野川公園**を望みながら進み、多磨駅に着きます。

　多磨駅は多磨霊園の最寄り駅。お墓参りの人や、東京外国語大学の移転により、学生の利用者も増えています。駅名標には、括弧して「東京外大前」と記されています。

京王線と中央自動車道をくぐって是政へ

　多磨駅を出た列車は、緑の多い住宅街を進むと、白糸台駅に到着します。この駅で2回目の対向列車とのすれ違いをします。左手には、小さな車両基地が見えます。

　この駅を出発すると、すぐに**京王線と交差**しますが、乗り換えができる駅はありません。交差地点は、京王線武蔵野台駅と多磨霊園駅の間に位置し、やや武蔵野台駅寄りです。

　その先、列車は中央自動車道の高架下をくぐり、右にカーブすると競艇場前駅に到着。駅の先の右手には**多摩川競艇場**（ボートレース多摩川）が広がっています。この駅の利用者は、最盛期に比べるとかなり減ってしまいました。そのため、上りホームの線路が外され、かつて行なわれていた列車のすれ違いは廃止されました。

　この先、列車は西に向かって道路と並走して進むと、終着駅、是政駅に到着します。是政駅はホーム片面だけの小さな駅ですが、**側線が2線あり、保線用の車両が停まって**います。これは、多摩川の砂利を輸送するための貨物列車が走っていたころの名残です。駅の周りにはマンションが立ち並び、住宅地の真ん中で線路は途切れています。

📖 用語解説

新小金井駅

小金井市内には、JR中央線の東小金井駅と武蔵小金井駅があります。また、JR東北線には小金井駅（栃木県）があります。西武鉄道の駅は、これらの駅と間違えられないよう、「新小金井駅」と名付けられました。

✏️ 豆知識

多摩と多磨

「多摩地域」、「三多摩」など、現在、多摩の表記には「摩」の字が使われています。「多磨」は古い名称ですが、今でも府中市東部の一部の地域ではこの字で表記することもあります。「多磨霊園」もその一つです。

新小金井〜多磨で野川を渡り、緑豊かな公園に囲まれた区間を走る是政行き列車。

新小金井駅に到着する武蔵境行き列車。

第2章 各路線の紹介

 Mini Column

多摩川線の回送経路

ほかの西武線とつながっていない多摩川線の列車は、大掛かりな修理や点検を行なうとき、JR線経由で西武鉄道の武蔵丘車両検修場に回送されます。

武蔵境駅にある接続線を通り、JR中央本線で立川へ向かい、進行方向を逆にして上り線に入って少し戻ります。西国分寺駅付近で分岐する線路を進み、地下トンネルを経由して武蔵野線に入ります。さらに、新秋津駅付近から西武鉄道との接続線を通って所沢駅経由で武蔵丘車両検修場へ入るのです。

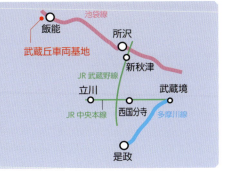

山口線

軽便鉄道から新交通システムへ

遊園地の施設から正式の鉄道へ

　山口線の歴史は、1950年にさかのぼります。大岡昇平の小説「武蔵野婦人」の舞台のモデルとなった多摩湖ホテル前〜上堰堤間で、**西武の遊戯施設として「おとぎ列車」が運転を開始**しました。電車とはいっても架線集電ではなく、バッテリーを動力とする凸形の**小さな電気機関車**が客車を引っ張っていました。また、線路の幅も762mmという**特殊狭軌の軽便鉄道**でした。

　1952年にテーマパークの**ユネスコ村が開園**（現・ゆり園）すると、「おとぎ列車」はユネスコ村まで延長され、**2つの遊園地を連絡する路線**となりました。同時に遊戯施設から正式の鉄道である地方鉄道としての認可を受け、**山口線として西武鉄道の1路線**になったのです。

SLで一躍人気の鉄道に

　日本の鉄道開業100周年という記念すべき年である1972年、山口線では、**頸城鉄道（新潟県）から借りた小型蒸気機関車「謙信号」**によるSL列車の運転が始まりました。その後、井笠鉄道からもSLを借り、**「信玄号」**として走らせました。

　この運転は、もともと、記念イベントとして考えられていました。しかし、折からのSLブームで予想以上に人気を集めたため、台湾の製糖工場から**蒸気機関車を2台購入、線路などの施設を改修**して、本格的に運転を開始しました。

　この列車は、都心から最も近いSLとして大活躍しましたが、施設の更新や西武球場へのアクセス改善のため、1984年5月で軽便鉄道山口線の運転は休止。1年の工事期間を経て、新交通システムとしてリニューアルすることになりました。

DATA

- 路線距離：2.8km
- 運行区間：西武遊園地〜西武球場前
- 路線駅数：3駅
- 全線開通：1952年7月（新交通システム開業＝1985年）
- 最高速度：50km/h
- 運行車両：8500系

用語解説

軽便鉄道

コストを押さえ低規格で造られた小さな鉄道。日本では線路幅762mm（新幹線の半分程度）が主流でした。現存して旅客営業をしているものは、黒部峡谷鉄道、三岐鉄道北勢線、四日市あすなろう鉄道の3路線。

豆知識

バッテリー動力

蓄電池を充電して電力としているもの。遊園地やごく小規模の鉄道で使用されるのみだったが、リチウム電池の画期的な進歩で、一般鉄道への導入も始まりました。国内では、JR東日本烏山線の蓄電池列車「EV-E301系」、愛称「アキュム（ACCUM）」が実用第1号です。

山口線の新交通システムはレールがなく、コンクリート軌道上をゴムタイヤをはいた車両が走行します。

第2章 各路線の紹介

路線図

──●── 各駅停車

狭山線……　SY03 西武球場前　　SY02 遊園地西　　SY01 西武遊園地　……多摩湖線

山口線周辺のレジャーMAP

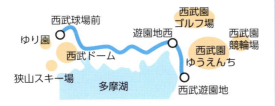

Mini Column

山口線を走ったSL列車

「信玄号」「謙信号」の2両の蒸気機関車で始まった、山口線のSL運転。1977年になると台湾の製糖工場で使われていたドイツ・コッペル社製の機関車を購入し、527号機、532号機として1984年まで運転していました。客車は、岡山の井笠鉄道から購入。混雑時には4両編成の客車を牽引しました。引退後は、台湾に戻りましたが、532号機と一部の客車は、北海道・丸瀬布森林公園いこいの森で保存されています。

新交通システムで快走する「レオライナー」

　1985年4月に新交通システムとして再出発した山口線は、「**レオライナー**」の愛称で親しまれています。車体の前面には埼玉西武ライオンズのマスコットである**レオマーク**が掲げられ、側面には球団創設時のユニフォームカラーである、**赤・青・緑のライン**が入っています。

　新宿線沿線から西武ドームへ向かう際は、新宿線〜多摩湖線経由で西武遊園地駅へ行き（直通列車が走ることもあります）、レオライナーに乗り換えます。

　西武遊園地駅を出ると、レオライナーはトンネルを2つくぐります。遊園地西駅は山口線唯一の中間駅で、**西武園**と、**ホテル掬水亭**の最寄り駅です。軽便鉄道時代には、この近くに山口線遊園地前駅がありました。

　遊園地西駅を出発した列車は、再びトンネルに入り、その後、木々の中を進んでいきます。やがて軌道が分かれ、**東中峯信号場**を通過。野球の試合やイベント開催などで列車が増発される際には、ここで一旦停止し、列車のすれ違いが行なわれます。右手にはゴルフ場が広がり周囲に人家はないため、乗り降りのできるホームはなく、信号場になっています。

東中峯信号場から終点までの現在の路線

　信号場を過ぎ、正面に西武ドームが見えてくると、列車は右にカーブします。ここまでは、軽便鉄道時代の線路を辿ってきた形ですが、旧線では、この辺りから左手に向かい、球場の南側を通って旧ユネスコ村へ続いていました。

　新交通システムになった新しい路線では、左手に西武ドームを見つつ、やがてレオライナー専用の車両基地の横を通過します。その後、大きく反時計周りに半周して、下方に狭山線が見えてくると、終点の西武球場前駅に到着します。

用語解説
新交通システム
コンクリートの専用軌道の側面に設置された案内軌条に案内輪を当ててゴムタイヤで走行するシステム。案内軌条に並んだ給電線より電気を受け取るため、架線は不要です。

豆知識
山口線の信号場
レオライナーの走る山口線には東中峯信号場があります。軽便鉄道時代の山口線には、中峯信号場および山口信号場という2つの信号場があり、タブレットを使って列車交換が行なわれていました。

西武球場前駅狭山線ホームから見上げた山口線「レオライナー」。

山口線「レオライナー」の車内。クロスシートなのがうれしい。

第2章 各路線の紹介

 **Mini Column**

ほかにもある新交通システム

　山口線は、大手私鉄では唯一の新交通システムです。しかし、日本全国には、新交通システムの路線がいくつもあります。首都圏だけでも、ゆりかもめ、日暮里・舎人ライナー、埼玉新都市交通(ニューシャトル)、横浜シーサイドライン、千葉の山万ユーカリが丘線と5路線あり、レオライナーと合わせて6路線存在しています。このうち、ゆりかもめ、日暮里・舎人ライナー、シーサイドラインは運転士のいない無人運転です。

運行休止から半世紀近く経つ
安比奈線

貨物専用鉄道として開業

　新宿線の終点、本川越駅の一つ手前の南大塚駅から北西に、**入間川河畔の安比奈まで**延びているのが安比奈線です。

　安比奈線は、**入間川の河原で採取した砂利を運搬するために建設された貨物専用路線**でした。当初は、蒸気機関車が貨車を引っ張っていましたが、昭和初期に電化され、電気機関車が活躍するようになりました。

　1964年の東京五輪を前にした建設ラッシュ時には、**1日7～8往復の貨物列車が運転**され活況を呈していました。

　ところが、1967年に**入間川での砂利採取が禁止**となってしまったため、安比奈線の貨物列車の運転も取りやめとなりました。その後、一時は貨車の留置場所として使用されたこともありましたが、車両が走ることは全くなくなり、安比奈線は休止路線となりました。

安比奈線温存の理由とは？

　以前は、貨物専用の安比奈駅付近に列車の車両基地を造る構想もあり、安比奈線は「廃止」ではなく「休止」路線という状況が続きました。しかし、**2016年2月にその整備計画を廃止する**ことが発表されました。

　新宿線で使用されている車両は増加の一途をたどり、現有の車両基地だけでは限界に近付いています。ただ、安比奈線再活用も具体的な計画案にはなっていません。安比奈線に列車が走らなくなってから、すでに半世紀近くが経ちます。南大塚駅構内には安比奈線の線路が残っていますが、その先はところどころ寸断され、線路は草むらに埋もれています。しかし、残された架線柱が、安比奈線の存在を示しているのです。

DATA
路線距離：3.2km
運行区間：南大塚～安比奈
路線駅数：2駅
全線開通：1925年2月
利用客数：現在休止中

用語解説

入間川
飯能市山中を源に、入間市、川越市を流れ、川越市とさいたま市境で荒川に合流する1級河川。池袋線が仏子～元加治間で入間川を渡っていて、これが西武鉄道最長の鉄橋です。

安比奈という地名
安比奈駅があった地点の入間川対岸の河川敷には、川越市の安比奈親水公園があり、スポーツや散歩などで市民に活用されています。安比奈線は「あひなせん」と読みますが、親水公園の「安比奈」は「あいな」と読みます。

新宿線南大塚駅ホームの脇に残る安比奈線の線路。

路線図

□ 南大塚　□ 安比奈

Mini Column

本線とは離れた場所にある車両基地

新宿線の南入曽車両基地のように、本線脇にある車両基地のほか、本線から分岐してかなり離れたところに車両基地が造られた事例もあります。東京メトロの綾瀬車両基地は、千代田線の終点、綾瀬駅から2km以上も離れています。そのため、沿線地域からの要望で北綾瀬駅が開設されました。

第2章　各路線の紹介

安比奈線の線路跡。草が生い茂り、架線柱だけが安比奈線の存在を示しています。

第3章
車両・列車のしくみ

武蔵野鉄道や旧西武鉄道などの中小私鉄と合併して独自の進化を遂げている西武鉄道。かつての蒸気機関車や電気機関車、貨車といったさまざまな車両を、現在も走行させていることが特徴です。

用途に応じて使い分けられる
進化を続ける西武の車両

蒸気機関車から電車まで

　西武鉄道は、中小私鉄を合併して大手私鉄に成長するまで、数多くの車両を運行してきました。現在は電車に統一されていますが、かつては**蒸気機関車や電気機関車**、**貨車**もありました。蒸気機関車は非電化時代に使用された車両で、武蔵野鉄道では**1925年に電化**されたことから、以後電車が使用されています。

　鉄道事業は、貨物輸送も重要な収入源です。武蔵野鉄道は秩父の武甲山で産出される**石灰石**を、旧西武鉄道は川越・東村山地区など沿線の特産品である**繊維製品・茶葉**、そして入間川で採取される**砂利**などを都心へ運びました。

扉の枚数にも理由がある

　蒸気機関車なき後は電気機関車が貨車を牽引しましたが、1971年度をピークに年々輸送量が減っていきます。**1996年に東横瀬駅からのセメント輸送が終了**し、西武鉄道の貨物輸送は廃止されました。それ以後、電車による旅客専業事業者となっていきます。

　武蔵野鉄道を中心に周辺の鉄道会社を合併して成立した西武鉄道ですが、新交通システムの山口線を除き基本となるスペックは共通しています。まず、電源は**直流1500V**、**軌間**はJR在来線と同じ**1067mm**です。通勤型列車の1両当たりの**乗降扉数は片側4扉**が標準ですが、古い車両がまだ残り、多摩川線・多摩湖線は**3扉車**が運行されています。また、山岳区間で運行される**4000系は2扉**、**10000系特急列車**と新交通システム**8500系は1扉**です。通勤列車は乗降時間を短くするために扉を多くし、4000系は観光列車としても使われるため、10000系は停車駅が少なく定員も通勤列車より少ないため、8500系は車体長が短いためなど、乗降扉の枚数には理由があります。

豆知識
現在の西武の前身
西武鉄道の前身は武蔵野鉄道です。そのほかの路線は、新宿線が川越鉄道〜旧西武鉄道、多摩湖線が多摩湖鉄道、多摩川線が多摩鉄道を前身とします。

POINT
山口線の蒸気列車
山口線は多摩湖ホテル前〜ユネスコ村間を結んだ、もと遊戯施設でした。1984年に新交通システムになりましたが、蒸気機関車100年を記念して1972〜1985年に蒸気機関車を運行しました。これが大手私鉄最後のSL列車になります。

用語解説
軌間
2本のレールの幅を「軌間」と称します。国際的には1435mmを「標準軌」、それより狭いものが「狭軌」、広いものを「広軌」と呼びます。JR・大手私鉄の半数は1067mmを、新幹線およびそのほかの大手私鉄は1435mmを採用しています。

10000系は特急として運用され、乗降扉は車両端に片側1カ所（1号車のみ2カ所）設置されています。

4扉車
単位：mm

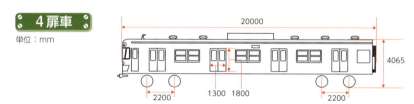

西武鉄道初の4扉車である2000系。

3扉車

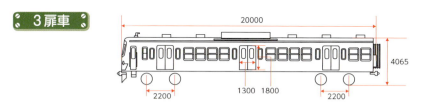

多摩川線、多摩湖線を走る新101系。

2扉車

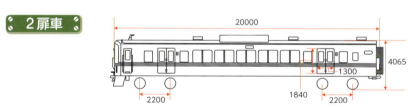

ローカル輸送・観光を目的とした4000系。

列車の正面形状の変遷

2枚から3枚、そして大型1枚窓へ

戦前は5枚窓の時代も

鉄道車両の正面は列車の「**顔**」ともいうべきもので、正面形状は**車両形式を判別する**際の一つの材料となります。

戦前は面積の大きな1枚ガラスを製造する技術がなかったため、運転台の窓は縦長1枚、それの半分サイズを2枚並べた**5枚窓**が標準でした。

戦時中から戦後直後は、側窓も開口高が狭い**3枚窓**が並んだ車両が国鉄と大手私鉄で採用されました。1951年4月24日に発生した桜木町事故で多くの死傷者が出たのは、側窓が小さく脱出できなかったのも一因だとされています。

戦後の混乱が落ち着いたころには、正面3枚窓の列車が製造されるようになりました。

2枚窓の登場は1950年の**国鉄80系**が最初ですが、西武鉄道では比較的早く、1954年に登場した**501系**が最初です。

> **豆知識**
>
> **桜木町事故**
> 国鉄桜木町駅構内で発生した列車火災事故です。乗降扉が開かず、また、側窓が小さかったため乗客が脱出できず、死者106人、重軽傷者92人を出しました。これを教訓に業界では鉄道車両の不燃化対策が進みました。
>
> **国鉄80系**
> 長距離列車は機関車牽引の客車列車が普通だった1940年代後半に、長距離用電車として登場しました。その性能は客車列車を凌駕し、以後、日本の旅客列車は電車が中心になりました。

西武列車のいろいろな顔

正面3枚窓の車両。

非貫通3枚窓の列車の正面。

正面2枚窓湘南スタイルの車両。

貫通扉を設けて３枚扉に戻る

　501系は国鉄80系とよく似たスタイルで、西武の正面２枚窓は351系・601系と続きますが、**101系・301系**で打ち止めになります。1976年には貫通扉が設けられ、**正面窓が３枚になった2000系**が登場しました。増え続ける乗客を車両の増備で対応してきた西武鉄道ですが、正面に貫通扉を設けることで、車両を併結した際に車両間の行き来と列車定員の増減が容易になることから、３枚窓が採用されました。

　地下鉄車両および地下鉄直通車両は、正面に**非常用扉**を設けることが国土交通省令で義務付けられています。併結を考えなければデザインを優先して、車体中央に扉を設ける必要はありません。**西武唯一の地下鉄乗り入れ対応車6000系**は、非常用扉が片側に寄せられています。

　平成に入り、通勤型列車に**大型１枚ガラス**が採用された車両が増えました。西武鉄道では**20000系・30000系**がそれに当たり、それまでの西武鉄道の車両になかった"顔"として、鉄道ファンには驚きを与えました。現在は、30000系が西武鉄道の通勤型列車のフラッグシップとなり、池袋線池袋～飯能駅間開業100周年の記念でつくられたロゴにも採用されています。

> **POINT**
> **地下鉄直通車両の非常用扉**
> 地下区間を走る車両の正面に非常用扉の設置が義務付けられているのは、トンネルの内径が小さく、車両との隙間が狭いためです。地下区間を走行してはいても、トンネルの内径を広くとっている路線は、この限りではありません。

大型１枚ガラスの30000系。

非常用扉が左側に寄せられた6000系。

軽量化が進む車体

省エネを目指して素材も進化

6000系は、1991〜95年度製は0番台がステンレス車体、96年度製以降の50番台はアルミ合金車体。側面の青帯の下に補強用のビード（しわ）があればステンレス車体となっています。

木造→鋼製→ステンレス製へ

　鉄道創成期の車両は**木造車体**でした。やがて耐久性に優れた**鋼製**が普及していきます。初期の列車は溶接技術が未熟で、つなぎ目にリベット（金属板を継ぎ合わせるのに使う鋲）が並んだ車両がたくさんありました。鋼製車体は長大化するほど重量がかさみ、**速度向上や省エネルギーの面で不利**になります。また、さびに弱く塗装を施さなければなりません。

　そこで登場したのが**ステンレス車体**です。ステンレスは腐食に強く、地色を生かして無塗装で運用されました。銀色に輝くステンレス車体はメンテナンスフリーであることも好評で、**国鉄（現・JR）や大手私鉄で普及**しました。しかし、ステンレスは硬く成形しにくい側面があり、行先表示器や前照灯などが配置される前頭部は、**FRP（繊維強化プラスチック）** でつくられている車両もあります。

用語解説

ステンレス車体

ステンレス車体には、内部構体に普通鋼を使用し、外板のみステンレス鋼を使用する「セミステンレス」「スキンステンレス」と、内部構体・外板ともステンレス鋼の「オールステンレス」があります。いまではオールステンレス車両が中心です。

鋼製車体は木造よりも強度が高く普及したが、1970年代以降、さびにくいステンレスや軽量のアルミ合金の車体が増えています。

より軽量化を目指してアルミを使用

　西武鉄道は地下鉄線乗り入れ対応車の**6000系**にステンレス車体を採用しました。それまで西武鉄道の鋼製車両は黄色塗装で、"**西武の車両＝黄色い列車**"が定着していたところへ銀色の列車が営業運転を始めたので、たいへん目立ちました。

　平成になると、環境保全が重要視されてきました。ステンレス車体は塗装の手間が省けるだけでなく、塗料を落とす際の溶剤の処理がいらず、ますます引き合いが増えました。しかし、**ステンレスはリサイクルしにくい**素材のため、軽量でリサイクルが容易な**アルミ車体**が普及します。東海道・山陽新幹線では300系以降アルミ車体が採用されており、高速列車への使用実績もあります。西武鉄道では6000系の後期車に採用され、**20000系・30000系**、そして2017年以降に走る**40000系**もアルミ車体です。

用語解説
アルミ車体
鉄道車両には耐食性アルミ合金を使用するため、ステンレス車体同様、腐食に強い利点があります。さらに軽量で、押出型材を使用することにより複雑な形状も製造できます。

豆知識
車両の重量
車両には数多くの部品が取り付けられています。モーターが付く電動車はモーターがない付随車より重く、制御車はモーターこそありませんが運転機器が備わっているため、重くなります。

第3章　車両・列車のしくみ

3パターンある座席配置

通勤輸送や観光輸送で活用される

特急はリクライニングシート車

　関東の私鉄で特急料金を徴収する列車は、**西武鉄道・東武鉄道・京成電鉄・小田急電鉄**で運行されています。西武鉄道は池袋〜西武秩父間、西武新宿〜本川越間に定期特急を設定、**10000系**を走らせています。

　特急は、乗車に追加料金が必要なことから、各社とも乗り心地のよい専用の車両を運用しています。例えば、乗降部と客室をデッキで隔てる、冷暖房の完備、客室内に防音を施す、トイレ・洗面台が設置されている、などです。その中でも、**回転式リクライニングシート**の設置は、通勤型列車との大きな違いと言えます。

　西武鉄道の10000系は2列＋2列の回転式リクライニングシートを備え、**1組を回転させると4席が向かい合う配置**になります。また、座席の背面には引き出し式のテーブルと小物ポケットが配置され、座席上部には枕カバーもあります。これらは通勤型列車には見られないサービスです。

用語解説

リクライニングシート
背もたれが傾く座席を指します。初期は決まった角度しか傾けられませんでしたが、やがてどの角度でも止めることができるフリーストップリクライニングシートが登場しました。

10000系は特急型車両として快適なリクライニング可能な転換式クロスシートが採用されています。

セミクロスシート車も所属する西武

　オールクロスシート車は10000系だけで、料金を徴収しない**通勤型車両はオールロングシート**です。近年では**車椅子スペース**を設けることが当たり前になり、西武鉄道でも1列車に1個所は車椅子スペースとして座席が撤去されています（新交通システムの8500系、製造年が古い車両は除く）。

　ロングシートも車両によって**両端の袖仕切り、スタンションポール（握り棒）の有無、座席下、吊革、荷棚**などに少しずつ違いが見られます。2000系・4000系は座席下にヒーター類が収納されていますが、20000系・30000系は**片持ち式シート**です。袖仕切りは素材も形状もさまざまですが、近年では大型のFRP成形品が主流で、立っている人がもたれても着席している人との間隔が保てると好評です。

　西武鉄道にはもう1種類の座席配置があります。飯能～西武池袋間で運行される4000系はロングシートとボックスシートが混在する**セミクロスシート**になっています。西武鉄道の中でもローカル区間を走ることと、観光利用もあることから、ロングシートだけでなくグループ利用にも配慮した構造となっています。

用語解説
片持ち式シート
座席下の足をなくし、壁側との接続だけで支えるシート。車両の軽量化と同時に、清掃が容易になる、足元のスペースが拡大するなどの利点があり、通勤型列車で普及しました。

豆知識
他社のセミクロスシート車両
クロスシート車はロングシート車に比べて定員が少なくなるため、都会の通勤型列車では避けられます。関東私鉄では浅草から奥会津方面へ直通する東武6050系がセミクロスシート車です。また、京浜急行電鉄600形・新1000形は車端部がボックスシートになっています。

10000系は2人がけのシートだが、一部のシートは1人がけで余った個所が車椅子スペースになっています。

主に飯能～西武秩父間を走る4000系の車内。乗降扉付近がロングシート、中間がボックスシートのセミクロスシートになっています。

女性視点を取り入れた「スマイルトレイン」
30000系

拝島駅に停車中の30000系。丸みのあるデザインが印象的で、設計に際しては女性の意見も取り入れられました。

新生西武を印象づける新型車両

「**人にやさしく、みんなの笑顔をつくりだす車両**」をコンセプトに開発された通勤型車両が30000系です。愛称は「**スマイルトレイン**」。開発チームに初めて女性が加わり、女性ならではの視点や発想が採り入れられました。1編成当たりの両数は10両、8両、2両があり、8＋2両で連結して10両編成を組むこともあります。また、30000系は地上線専用のため、正面に非常用扉が設けられていません。

💡 POINT
2013年12月新造車から一部車両をリニューアル

走行時の消費電力を従来より約10％抑えた主回路装置を採用したほか、車内にLED照明を取り入れることで、約30％の節電となりました。

DATA

製造初年：2008年
保有車両数：180
固定編成：10・8・2
定員：8両編成合計1200人
自重(t)：Tc1：26.5、M1：33.9、M2：33.5、T1：25.9、T3：25.0、M5：33.8、M6：33.3、Tc2：26.9
最大寸法(mm)：長さ20000、幅2975、高さ4060、4172(パンタグラフ折りたたみ時)
主電動機：三相かご型誘導電動機
主制御装置：IGBT式2レベルVVVFインバータ制御
ブレーキ装置：回生ブレーキ併用全電気指令式電磁直通ブレーキ方式
性能：最高速度120km/h、加速度3.3km/h/s、減速度(常用)3.5km/h/s、(非常)4.5km/h/s

Tc＝制御車、Mc＝電動制御車、M＝電動車、T＝付随車（T＝trailler、M＝moter、C＝controllerの略）。数字は先頭車両からの順番を表す。

アルミダブルスキン構造

2枚の板の間に斜めのリブが入った構造になっています。剛性強化、遮音性に優れています。

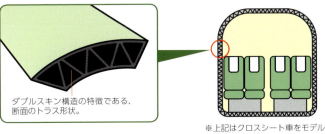

ダブルスキン構造の特徴である、断面のトラス形状。

※上記はクロスシート車をモデルにしています。

車両寸法　単位：mm

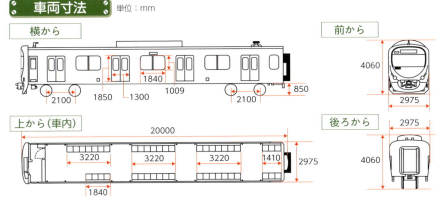

「たまごのふくらみ」をイメージ

　正面のデザインは「生みたてのたまごのようなやさしく、やわらかなふくらみ」をイメージしています。車体には**アルミダブルスキン構造**が採用され、リサイクル性を高める目的で**オールアルミ製**になっています。

　座席はバケットシートを採用し、7人掛けのロングシートは2+3+2人の定員着席を促進するよう、スタンションポール（握り棒）で仕切られています。たまご状の曲線はつり革にも採用されています。車両間の貫通扉は**全面ガラスタイプ**で、見通しがよくなりました。貫通扉には、衝突を防止するため目の高さにたまごのイラストが描かれています。乗降扉の上部には15インチカラー液晶ディスプレーが設置され、列車情報や広告が放映されます。運転台には西武鉄道で初めて**グラスコクピット**が採用され、**T字型ワンハンドルマスコン**に3台の液晶モニターが備えられました。

豆知識

貫通扉のイラスト

貫通扉は8両編成で計14枚ありますが、1ヵ所だけたまごからひよこが生まれているイラストが施されています。どこにあるか探してみましょう。

用語解説

アルミダブルスキン構造

外板と骨組みを一体化した、トラス構造（複数の三角形による骨組み構造）の断面を持つ構造を「ダブルスキン」と呼びます。それをアルミの中空押出型材を摩擦かくはん接合により結合し、ひずみの少ない車体にしました。

グラスコクピット

アナログ計器を使用せず、速度などを液晶ディスプレーなどの表示に集約した運転台を指します。元は航空機の操縦席を指す用語でしたが、最近は鉄道車両でも使われています。

地上線専用のアルミカー
20000系

池袋線秋津〜所沢間を走る20000系。第1編成が池袋へ向かう。

アルミを採用し、大幅に軽量化を実現

　20000系は老朽化した旧101系列を置き換える目的で製造されました。日立製作所が開発したアルミダブルスキン構造の**「A-train」**仕様になっています。軽量アルミ車体を採用したことで、**省エネルギー、低騒音化、リサイクル性の向上**などが図られました。車両の軽量化は**軌道の保守低減**にもつながり、保守の費用も抑えられました。2005年度までに10両編成・8両編成とも8本ずつ、計144両が製造されました。

用語解説

A-train
日立製作所が開発した鉄道車両製造技術の呼称。リサイクル性が高く骨組みが不要なアルミ製ダブルスキン構造で、内装部品の差し込み型モジュール化により組み立て作業を簡略化。独自の溶接技術により、熱によるゆがみを軽減し無塗装でも見栄えの良い車両になりました。この技術により、生産コストや環境負荷が低減、走行時の省エネ化にもつながっています。

DATA　　　　　　　　　　　　　　※一部の車両を除く

製造初年：1999年
保有車両数：144　固定編成：8・10
定員：8両編成合計1140人、10両編成合計1430人
自重(t)：Tc1・Tc2：25.7、M1・M5：33.6、M3：32.3、M2・M6：32.5、T1：23.6、T2：24.6、T3：23.7
最大寸法(mm)：長さ20270、幅2845、高さ4060、4172（パンタグラフ折りたたみ時）
主電動機：三相かご型誘導電動機
主制御装置：電力回生ブレーキ付き総括制御自動加減速VVVFインバータ制御
ブレーキ装置：回生ブレーキ併用段制御全電気指令電磁直通空気ブレーキ装置
性能：最高速度120km/h、加速度3.0km/h/s、減速度（常用）3.5km/h/s、（非常）4.5km/h/s

片持ち式バケットシートが採用された20000系車内。

逆L字型ワンハンドルマスコンをATIモニターを装備。

車両寸法　単位：mm

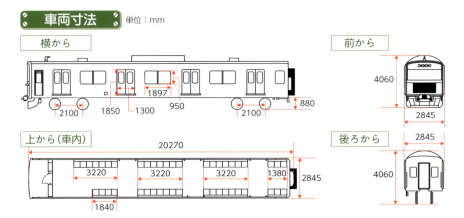

足回りは6000系の実績を継承

　車体の多くは無塗装ですが、正面の周囲と運転台下、側窓の上下の一部が青色に塗られ、アクセントになっています。正面は加工しやすい鋼製です。

　主制御器は6000系と同様の**VVVFインバータ制御**で、主電動機の出力を135kWとし、編成における**電動車率は低くなっていますが**、最高速度や加速度など、**運転性能が向上しています**。運転席は非貫通で、客室と完全に仕切られた全室式、逆L字型ワンハンドルマスコンが採用されました。計器類はアナログ式の速度計・圧力計のほか、乗務員支援用の車内情報制御装置「**ATI**」モニターが設置されています。

　シートは片持ち式のバケットシートが採用され、1人当たりの**座席幅**が6000系より**20mm広い460mm**に拡大しました。乗降扉上には横にスクロールするLED式案内表示器が設けられています。

> **POINT**
> **軌道の保守低減**
> 車両が重ければレールを含めた軌道に負荷がかかり、傷みは激しくなります。このため軽量な車両を製作することは、軌道の保守に大きな役割を果たします。

> **用語解説**
> **VVVFインバータ制御**
> 列車の加速力や速度などに応じて電圧や周波数を自由に変化させることで、モーターを効率よく動かす装置のこと。これにより、省エネ、メンテナンスの簡素化、乗り心地の良さなどが実現しています。
>
> **ATI（Autonomous Train Integration）**
> 日立製作所が開発した、安全で快適な運行を支える鉄道システム。制御装置を始め、車内の乗車状況、室温も含めた各機器の状況をモニタリングして、運転士に知らせます。

二代目の特急列車
10000系

西武鉄道唯一の特急型車両が10000系。池袋線〜西武秩父線、新宿線のほか、西武プリンスドームでのプロ野球、イベント開催時にも運行されます。

「ニューレッドアロー」の愛称を持つ

1969年9月に登場した特急車両**5000系「レッドアロー」**は老朽化が進み、1993年12月に新型特急車両10000系に置き換えられました。まず、新宿線で初めての**定期特急「小江戸号」**に投入され、1994年からは池袋線**特急「ちちぶ号」「むさし号」**で使用。ホームライナーや、休日の観光特急などで活躍しています。車両の愛称は、5000系を置き換えたことにちなみ**「ニューレッドアロー」**と呼ばれています。

豆知識
特急列車の愛称名
西武鉄道の特急列車は池袋〜西武秩父間「ちちぶ号」、池袋〜飯能間「むさし号」、西武新宿〜本川越間「小江戸号」に分かれています。愛称を分けて運行区間を明示する役割もあります。

DATA (5次車)

製造初年：1993年
保有車両数：84
固定編成：7
定員：150人
自重(t)：Tc1・Tc2：33.0、T：32.0、M1・M3：41.5、M2・M4：39.0
最大寸法(mm)：長さ20000、幅2927.2、高さ4035、4178(パンタグラフ折りたたみ時)

主電動機：三相かご型誘導電動機
主制御装置：回生ブレーキ付き総括制御自動加減速VVVFインバータ制御
ブレーキ装置：回生ブレーキ併用段制御全電気指令電磁直通空気ブレーキ
性能：最高速度120km/h、加速度2.7km/h/s、減速度(常用)3.5km/h/s、(非常)4.5km/h/s

シートピッチはJR新幹線普通車並みの1070mm。背面に引き出すタイプのテーブルがあり、その下に小物入れが配置されています。

デッキと客室間の仕切り扉は片開きの自動ドアだが、車椅子対応トイレのある1号車は両開きとしています。

車両寸法
単位：mm

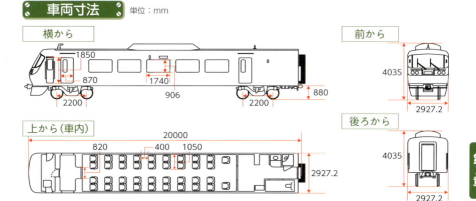

最終増備車はVVVFインバータ制御に

　6000系では**VVVFインバータ制御**が採用されましたが、10000系では101系・501系・5000系から機器が流用され、**抵抗制御**が採用されました。補助機器・冷房装置などは新製されています。車内は「**ゆとりとやすらぎの空間**」をコンセプトに、転換式リクライニングシートが一般的な特急車のシートピッチ970mmより広い**1070mm**で配されています。飯能寄り1号車に車椅子用座席・車椅子対応トイレがあり、連結面間寄りの乗降扉とデッキの仕切り扉は車椅子が通れるよう、幅が**1000mm**あります。

　2003年に最終増備車である5次車**10112編成**が登場し、IGBT素子による**VVVFインバータ制御**に加え、座席モケットがグレー系からブルー系に交換されました。既存車には、10112編成に合わせた内装のリニューアルが施されています。

POINT
10000系に抵抗制御が採用された理由

10000系は特急専用車両で、停車回数が少ないこと、飯能～西武秩父間の単線区間では回生ブレーキの効果が少ないことなどから、山岳区間での信頼性が高い抵抗制御が選ばれたそうです。

用語解説
次車

車両を製造する際、最初につくられたモデルを1次車、その後改良を加えて製造されたモデルを2次車と呼びます。単純に製造時期で区切られている場合もあるため、特に改良などを加えずに2次車となるケースもあります。

西武所沢工場で新製された最後の形式
9000系

省エネルギーをアピールするステッカーが添付された9000系。10両編成8本が武蔵丘車両基地に配置されています。

地上線専用の4扉車

　老朽化した**3扉車**を置き換える目的で**4扉車**の2000系が導入されました。9000系は2000系に続く4扉車で、残った3扉車を置き換えるため、**西武所沢車両工場**で製造されました。同工場は1954年に初めて鉄道車両の製造を行ないましたが、1999年に製造業務を廃止、翌年6月に閉鎖されました。このため9000系は、延べ1000両以上を製造してきた西武所沢車両工場の最後の新造車両形式となりました。

豆知識
黄色い列車
西武鉄道の通勤型列車は、4000系やラッピング車を除いて黄色塗装がされています。1969年に登場した旧101系が始まりで、そのときに従来車両も黄色塗装に変更されました。9000系は黄色い列車の最後の形式でもあります。

DATA (更新後)

製造初年：1993年
保有車両数：80
固定編成：10
定員：284人
自重(t)：Tc1・Tc2:29.1、M1・M3・M5:39.0、M2・M4・M6:38.4、T1・T2:28.1
最大寸法(mm)：長さ20000、幅2870、高さ4065、4214(パンタグラフ折りたたみ時)
主電動機：三相かご型誘導電動機
主制御装置：電力回生ブレーキ付き総括制御自動加減速VVVFインバータ制御
ブレーキ装置：回生ブレーキ併用応荷重装置付き電磁直通空気ブレーキ
性能：最高速度120km/h、加速度2.8km/h/s、減速度(常用)3.5km/h/s、(非常)4.0km/h/s

駆動装置

・中空軸平行カルダン駆動方式

モーターの回転軸内に通したねじり軸（カルダン軸）を介して、モーターの動力を小歯車から大歯車へ伝える方式。

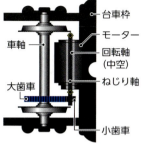

・WN駆動方式

継手内部の歯車と回転軸の端の歯車を噛み合わせて、モーターの動力を小歯車から大歯車へ伝える方式。

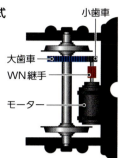

車両寸法
単位：mm

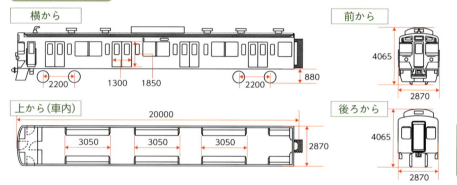

新2000系とよく似た車両

登場時の9000系の台車・主電動機・主制御器（抑速ブレーキは省略）には、**101系の廃車発生品**が流用され、2000系とほぼ同仕様でつくられました。9000系の2000系と異なる個所は、他形式との併結が考慮されていないため**先頭車に自動電気連結器が搭載されていない**、車体正面の手すりと貫通扉下のくつずりが**黒く塗られている**、10両固定編成のため**中間に付随車が組み込まれている**、などです。

2003年からは主要機器の更新が行なわれ、主制御器がVVVFインバータ制御に、駆動装置は**中空軸平行カルダン駆動方式**から歯車型継手の**WN駆動方式**に、パンタグラフは**シングルアーム式**に変更されました。車体正面の貫通扉には省エネをアピールする**エコマーク**が添付されました。これらの更新によって、9000系の走行音は劇的に静かになりました。

用語解説

カルダン駆動方式

モーターを台車枠上に配置し、車軸に動力を伝える歯車装置との間に自在継手を入れた方式のことです。モーターにかかる衝撃を抑えることができ、現役の列車はほぼこの方式を採用しています。

WN駆動方式

電動機の回転力を車軸に伝える継手のひとつで、米国で開発されました。継手内部の内歯車と、回転軸の端にある円弧状歯車を噛み合わせて、モーターの動力を回転軸に伝えます。

6000系

西武初のステンレス列車

新宿線を走る6000系原形車。池袋線の東京メトロ副都心線乗り入れのため改造された車両は、前面の銀色の部分が白色になった。

地下鉄線乗り入れのために製造

6000系は東京メトロ有楽町線への乗り入れ用車両として、1991年から製造されました。西武鉄道で**初めてステンレス車体、VVVFインバータ制御、ボルスタレス台車が採用**された車両です。また、車椅子スペースが新製時から設置されたのも、6000系が初めてです。先頭車両の正面形状は「く」の字型に突き出し、**非常用の貫通扉**が向かって左側に配置された左右非対称なスタイルになっています。

用語解説

ボルスタレス台車

空気ばねを使うことで、台車の枕ばり(ボルスタ)や心皿などを省略し、軽量化した構造の台車を指します。日本の列車では営団地下鉄(現・東京メトロ)8000系で本格的に採用され、以後普及しました。

DATA ※一部の車両を除く

製造初年:1992年 保有車両数:250
固定編成:10 定員:280人
自重(t):Tc1・Tc2:28.5、M1・M3・M5:39.0、M2・M6:37.0、M4:37.2、T1・T2:27.0
最大寸法(mm):長さ20000、幅2871、高さ4060、4117(パンタグラフ折りたたみ時)
主電動機:交流かご三相誘導電動機
主制御装置:電力回生ブレーキ付き総括制御自動加減速VVVFインバータ制御式
ブレーキ装置:回生ブレーキ併用段制御式全電気指令電磁直通空気ブレーキ式
性能:最高速度110km/h、加速度2.8km/h/s(地下鉄内3.3km/h/s、減速度(常用)3.5km/h/s、(非常)4.5km/h/s

拝島線の急行として活躍する6000系。

池袋線を走る前面白色の6000系。

車両寸法
単位：mm

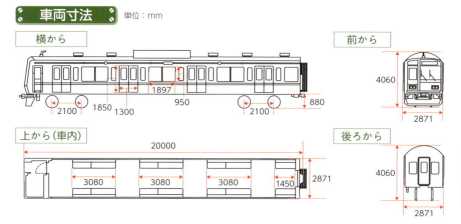

後期車はアルミ車体に

　車内は、6000系から座席生地が青色系となり、1人当たりの**座席幅**が従来の430mmから440mmに拡幅されました。背もたれには、定員着席を促すよう、**着席区分を明示する模様**が付けられています。

　2008年6月に**東京メトロ副都心線が開業**し、池袋線と相互直通運転が始まると、6000系も乗り入れを開始しました。その際にワンマン運転対応、東京メトロ副都心線ホーム柵対応、前面と側面の行先・種別表示器のフルカラーLED化、冷房装置の自動化、運転台のワンハンドルマスコンへの交換、座席のバケットシートへの交換などの更新工事が行なわれました。

　なお、6000系は10両編成25本、計250両が製造されましたが、1996年11月製造の5次車以降の8本、計80両は**アルミ車体に変更**され、車両番号の下二桁が50番になりました。

豆知識
6000系の配置区所
地下鉄乗り入れに対応した6000系の大半は池袋線の小手指車両基地に配置されています。しかし、1次車の2編成は新宿線・拝島線に運用される車両が置かれる玉川上水車両基地配置となっています。

POINT
ステンレスからアルミへの転換
アルミはステンレスより軽量で、省エネなどの点で有利です。これにより、ステンレス車の先頭車両の正面はFRP成形品が使われていましたが、アルミ車ではそこもアルミでつくられ、塗装も施されています。

山岳路線で活躍するクライマー
4000系

ライオンズカラーが鮮やかな4000系。土曜休日は池袋線からの快速急行でも運転されています。

ローカル輸送と観光を両立

　1969年10月に開業した**西武秩父線**は勾配区間が多い山岳路線で、開業と同時に**旧101系**が投入されローカル輸送を担っていました。1988年には、**ローカル輸送と観光を重視**した車両として、秩父鉄道への乗り入れも視野に入れた4000系が誕生しました。**2扉セミクロスシート**で、4両編成のうち前から2・3両目が電動車です。通勤・通学輸送も考慮されており、乗降扉が両開き扉で、開口幅は1300mmです。

用語解説
セミクロスシート
1両の中にクロスシートとロングシートが配置されています。一般に車両端と乗降扉の隣がロングシート、乗降扉間にクロスシートが設けられています。

DATA

製造初年：1988年
保有車両数：48
固定編成：4
定員：384人
自重(t)：Tc1:31.0、Tc2:29.0、M1・M2:40.0
最大寸法(mm)：長さ20000、幅2870、高さ4065、4214（パンタグラフ折りたたみ時）
主電動機：直流直巻補極付き
主制御装置：総括制御自動加減速多段式
ブレーキ装置：電空併用応荷重装置付き電磁直通ブレーキ

青いモケットが印象的なボックスシート。窓下にはテーブルがあります。

車内はボックスシートとロングシートが混在するセミクロスシート。

車両寸法　単位：mm

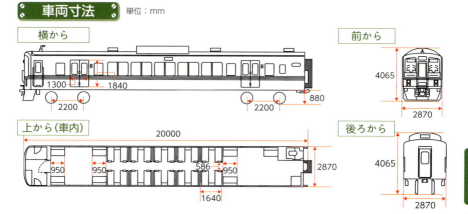

休日には池袋に顔を出すことも

　台車や制御機器などの主要装置は、西武秩父線で運用実績がある**旧101系**から流用されています。また、25‰の急勾配が連続するため、抑速ブレーキ付き発電ブレーキを備えています。クロスシート部分は向かい合わせの固定式で、**シートピッチは1640mm**と広々しています。登場時は観光対応として自動販売機やくず物入れが設置されていましたが、2002年に**ワンマン対応**工事が行なわれた際、撤去されました。

　秩父鉄道への乗り入れは、1989年に西武秩父駅構内に連絡線が設けられたことで実施されました。**土曜休日は池袋へ乗り入れ**、秩父鉄道直通列車として多くの観光客を運んでいます。池袋～横瀬間は8両で、横瀬～三峰口間と横瀬～長瀞間は横瀬駅で分割されて、それぞれ4両で運行されます。またこの路線には、4000系を改造した**観光列車**も運行されています。

💡 POINT
4000系の観光列車

4000系（4両編成1本）をリメークした観光列車「西武 旅するレストラン 52の至福」では、定員52人のレストラン車両の中でおいしい食事を楽しみながら、くつろぎの時間が過ごせます。

2000系

長期間製造され、西武鉄道で最大の保有両数

新宿線を行く旧2000系。貫通扉、パノラミックウインドーを設けた斬新なデザインで登場しました。

初めて4扉通勤車として登場

　昭和40年代、西武鉄道沿線は通勤・通学利用者が増え、**朝のラッシュ時の乗降時間短縮**を目的に開発されたのが、西武鉄道初の4扉車である2000系です。前期車（**旧2000系**）が122両、その後、マイナーチェンジを施した後期車（**新2000系**）が314両、計436両が製造され、西武鉄道で最大の保有両数になりました。登場時は、混雑が激しい新宿線西武新宿〜田無間での運用が想定されていました。

DATA（新2000系）　　　※一部の車両を除く

製造初年：1977年
保有車両数：436
固定編成：2・4・6・8
定員：280人
自重(t)：Tc・Tc1・Tc2：29.0、M1・M2・M3・M4・M5・M6・Mc：40.0、Tc：35.0
最大寸法(mm)：長さ20000、幅2870、高さ4065、4214（パンタグラフ折りたたみ時）
主電動機：直流複巻
主制御装置：電力回生ブレーキ付き総括制御自動加減速多段式
ブレーキ装置：回生ブレーキ併用補足空気ブレーキ付き段制御式全電気指令電磁直通空気ブレーキ

界磁チョッパ制御

界磁チョッパ制御は列車の制御方式の一つで、列車が起動してからある程度の速度までは抵抗装置でモーターを作動、加速時はチョッパ装置でモーターを作動させるしくみのこと。この制御方式を採用することで回生ブレーキがより有効になり、さらに製造コストも安く抑えられるため、私鉄を中心に幅広く採用されています。

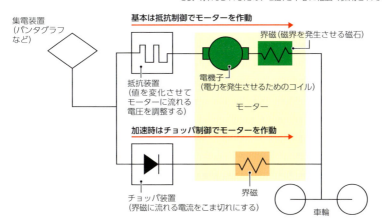

車両寸法

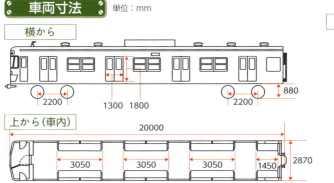

正面形状が異なる2つの2000系

　運転台には**パノラミックウインドー**が設けられ、側窓は上段下降・下段上昇式の2枚1組のユニット式です。機器類は、西武鉄道で初めて**界磁チョッパ制御**、**回生ブレーキ併用電気指令式ブレーキ**が採用されました。

　1988年に701系の置き換えとして登場した新2000系は、旧2000系と走行装置は同じですが、外観が大きく異なっています。正面の運転台上部を見れば一目瞭然で、標識灯、行先・種別表示器の一体化、また側窓の一段下降窓化などに違いが見られます。

用語解説

パノラミックウインドー
運転台の窓が、車両側面まで回り込んでいるタイプを指します。運転士の視界が広がり、車両の見栄えがよくなることから普及しましたが、近年の新造車ではあまり採用例がありません。

回生ブレーキ
電力を効率的に利用するために開発されたブレーキ方式。列車がブレーキをかけた際に、モーターを発電機として作動させて、発生したその電力を架線に戻してほかの列車の動力として再利用すること。

西武の黄色い列車の元祖
101系

正面2枚窓の「湘南型」が特徴的な新101系。多摩湖線の263編成は全車電動車で、牽引車の役割もあります。

初期車と後期車が存在

　101系は1969年に西武秩父線が開業した際に登場した、本格的な**高性能列車**です。山岳路線の西武秩父線に対応するため、150kWの強力モーターと発電・抑速付き電磁直通ブレーキが搭載されました。車体は従来車と同じ正面2枚窓の湘南スタイルで、3扉車となっています。登場時は、線区を問わず運行できることから**AS（オールラウンド・サービス）カー**の愛称が付けられ、西武鉄道で初めて黄色い車体色が採用されました。

 用語解説

高性能列車
1957年に開発された国鉄101系に使用されたカルダン駆動方式や、電磁直通ブレーキが採用された列車を指します。従来のつり掛け駆動方式に比べて大きく性能がアップしたことから、カルダン駆動方式の列車は「高性能列車」（JRでは新性能列車と称します）、つり掛け駆動方式のものは「旧性能列車」と呼ばれます。

DATA　　　　　　　　　※一部の車両を除く

製造初年：1968年
保有車両数：40
固定編成：4
定員：328人
自重(t)：M・Mc:40.0、Tc:29.0
最大寸法(mm)：長さ20000、幅2881、高さ4065、4214（パンタグラフ折りたたみ時）
主電動機：直流直巻補極付き
主制御装置：総括制御自動加減速多段式電動機操作カム軸式
ブレーキ装置：電空併用応荷重装置付き電磁直通ブレーキ

多摩川線に投入された新101系の車体は白一色。2010〜2014年度には児童が描いた沿線の四季の絵がラッピングされました。

新101系の車内はベージュ色の化粧板にブラウン色の座席生地など、暖色系でまとめられています。

車両寸法　単位：mm

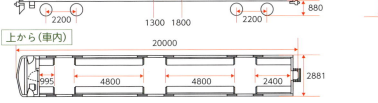

多摩湖線と多摩川線にのみ残る

　101系は1976年に一度製造が打ち切られ、1979年に**マイナーチェンジ**して製造が再開されました。これにより1976年までの車両は**旧101系**、1979年以降の車両は**新101系**と呼ばれます。正面形状は、旧101系では運転台上部の中央に配置された行先表示器が、新101系では向かって右側に移り、左側に種別表示器が追加されました。また、窓周りの形状が**額縁タイプ**になり、運転台が150mm高くなりました。

　旧101系は4000系への機器譲渡や地方私鉄への転出などで、現在では西武鉄道に残っていません。また、新101系もワンマン対応工事が施され、**多摩湖線**と**多摩川線**に残るのみとなりました。このうち、多摩湖線の**263編成**は4両すべてが電動車のパワフルな編成となり、新車の搬入や自走できない車両の牽引などにも使用されています。

用語解説

湘南スタイル
国鉄80系列車2次車に採用された2枚窓の正面形状のことを指します。80系列車は湘南海岸に沿う東海道本線を走ったことから、正面2枚窓の形状を湘南スタイル（湘南型）と呼ぶようになりました。

額縁タイプ
運転台窓周りを黒くして、額縁のようにされたもの。

豆知識

白い新101系列車
2010年3月に多摩川線に投入された新101系は、西武電灯の黄色塗装から白一色にイメージチェンジしました。また、2012年から多摩湖線の新101系も263編成を除き白塗装になっています。

大手私鉄唯一の新交通システム
8500系

大手私鉄で唯一採用された新交通システムの8500系。1両の車体長は8.5mと短いが、レジャー輸送に活躍しています。

軽便鉄道から新交通システムへ

　8500系は**山口線**を走る列車です。山口線は「**おとぎ列車**」と呼ばれた遊戯施設が軽便鉄道に変わり、その後、西武球場（現・西武ドーム）への野球観戦客輸送を担うため、1985年に**新交通システム**に転換されました。大手私鉄16社のうち、新交通システムを保有しているのは西武鉄道だけです。「レオライナー」の愛称で親しまれ、正面窓の下には埼玉西武ライオンズのロゴ、車体には**ライオンズカラー**が配されています。

💡 POINT
おとぎ列車
西武園遊園地（現・西武ゆうえんち）では、蓄電池式機関車が客車を牽引し、「おとぎ列車」の愛称で親しまれていました。

🌱 豆知識
ライオンズカラー
埼玉西武ライオンズのテーマカラーで、青・赤・緑のトリコロールです。西武バス・近江鉄道・伊豆箱根鉄道などの車両でも使用されています。

DATA

製造初年：1985年
保有車両数：12
固定編成：4
定員：302人
自重(t)：Mc：11.0、M：10.5
最大寸法(mm)：長さ8500、幅2430.8、高さ3290
主制御装置：VVVFインバータ制御
ブレーキ装置：回生ブレーキ併用電気指令式電磁直通ブレーキ

車内はボックスシートで、車体中央に乗降扉が設けられています。

鉄レールはなく、コンクリート軌道をゴムタイヤの車輪で走ります。

車両寸法　単位：mm

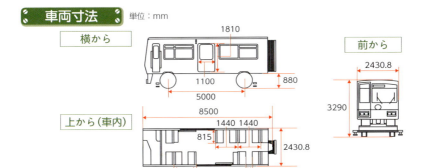

野球のシーズンオフに修繕を実施

　8500系はコンクリート製の軌道上を**ゴムタイヤの車輪**で走ります。集電は、軌道脇に設けられた第三軌条集電装置から行なわれます。1両当たりの**車体長は8.5m**と、たいへん小さくつくられています。このため、乗降扉は各車両の中央部に1個所となりました。車内にはボックスシートが並びます。

　小さな車両ですが、主制御器は**新交通システムで初めてGTO素子によるVVVFインバータ制御を採用**した、ハイテク構造となっています。

　4両編成3本が山口車両基地に配置されています。日中は1時間当たり3往復のダイヤが組まれていますが、野球の試合やイベント開催日には増発が行なわれます。また、野球のオフシーズンには修繕更新が実施されています。全般検査・重要部検査の際は、台車を取り外して**武蔵丘車両検修場に陸送**されます。

用語解説
新交通システム
自動運転（無人運転）によって案内軌条を走行する乗り物を指します。1981年に開業した神戸新交通の「ポートライナー」が始まりで、以後、大都市周辺に広がっています。

POINT
GTO素子
制御装置のスイッチとして機能する半導体素子のこと。大きな電流を扱えるため、変電所などで多く利用されています。近年では、小さな電圧で駆動でき騒音も小さいとしてIGBT素子が広く利用されています。

2017年以降に走行を開始
西武鉄道が導入予定の新車両

8年ぶりの新型通勤車両40000系

　2015年8月に製作が発表された新型通勤列車**40000系**は、30000系「スマイルトレイン」の後継に当たり、「**人にやさしい、みんなと共に進む列車**」がコンセプトです。「**優しさ**」「**沿線に寄り添う**」「**未来志向・先進性**」をキーワードに、2016年から2019年度にかけて10両編成8本が製造される予定で、車体は、「**山の緑と空の青**」をイメージした、西武鉄道沿線の風景や自然を感じさせるものとなります。

　40000系は、アルミダブルスキン構造の車体で、走行機器類にはIGBT式VVVFインバータ制御装置と、空気ばね式ボルスタレス台車が装備されます。また、西武鉄道としては初めて、シャープ製の「プラズマクラスター」を搭載。さらに、クロスシートとロングシートに転換可能な**ロング・クロスシート転換車両**が一部の車両に導入されます。先頭車には、車椅子やベビーカー、大型の荷物を携行した乗客が利用しやすいよう、中央に跳ね上げ式の座席も設けられ、さらに子供も車両の風景が楽しめるよう、従来よりも窓を大きくした「**パートナーゾーン**」が導入されます。

豆知識
新車両の登場サイクル

2008年に30000系第1編成が製造されて以来、8年ぶりの新車となるのが40000系です。20000系から30000系の登場までは約9年、9000系から20000系の登場までは約6年かかっているので、西武鉄道としては平均的な新車登場サイクルといえそうです。

POINT
ロング・クロスシート転換車両

普段は線路方向と垂直に2脚ずつ配置し、ラッシュ時には側窓側に転換して寄せて線路方向と並行に並べてロングシートとします。これにより、混雑時には立ち客のスペースが広がり、定員数が増えることになります。

外観・車体・車内環境が進化した40000系。

西武鉄道の初の導入となるパートナーゾーン。

四半世紀ぶりの新型特急車両

　2016年3月に製作が発表された**新型特急車両**は、西武鉄道が会社設立100周年を記念して導入する車両です。2018年から2019年度にかけて56両（8両×7編成）を導入する予定で、特急車両の製造は、現在運行している10000系車両**「ニューレッドアロー」の登場から25年ぶり**となります。

　特急車両は、これまでにない新しい発想の車両をつくるために、世界で活躍する**建築家・妹島和世**がデザインコンセプトの策上、外観・内観のデザインを担当。車両は、風景に溶け込むようなやわらかなデザインで、「いままでに見たことがないような新しい特急車両」の製作が進めれています。

　デザインコンセプトは3つあり、まずは**「都市や自然の中でやわらかく風景に溶け込む特急」**として、シャープさや格好良さより、やさしさややわらかさが優先され、風景と共にあるような特急になります。また、**「みんながくつろげるリビングのような特急」**として、いろいろな人が一緒にいながら、思い思いに自由な時間を過ごせる空間を表現し、新しいパブリックスペースが提供されます。さらに、**「新しい価値を創造し、ただの移動手段ではなく、目的地となる特急」**として、特急で過ごすこと自体が目的となるような空間・雰囲気・たたずまいのデザインが製作される予定です。

> **豆知識**
> 妹島和世
> 世界で活躍する建築家。建築界のノーベル賞といわれる「プリッカー賞」のほか、国内外でさまざまな賞を受賞。代表作は「金沢21世紀美術館」（石川県金沢市）や、「ルーヴル・ランス」（フランス、ルーヴル美術館・ランス分館）など。

第3章　車両・列車のしくみ

新型特急車両のイメージは、「いままでに見たことがないような新しい特急車両」。

西武鉄道直系の前身
池袋から西進した武蔵野鉄道

のちに新潟県の蒲原鉄道モハ71形へ転出した、1927年製造の武蔵野鉄道デハ1320形。

始まりは蒸気機関車の牽引列車

　武蔵野鉄道は、現在の池袋線池袋〜飯能間、豊島線練馬〜豊島（現・豊島園）間などを開業した事業者で、西武鉄道の直系の前身です。同社が1915年の開業時に運行したのが、**蒸気機関車**でした。ドイツの**ヘンシェル・ウント・ゾーン社**製の5両が輸入され、**1形**と命名されました。動輪（駆動輪）が片側に3輪、従輪（非駆動輪）なしのC型タンク機関車でした。

　その後、郊外鉄道として発展するため、1922年には池袋〜所沢間、1925年に所沢〜飯能間が電化され、電車運転に切り替えられました。このとき導入した車両が**デハ100形**で、**車体長16m**級の鉄骨木造車体でした。屋根は当時の流行だったダブルルーフ（二重屋根）構造、車内はオールロングシートでした。多くの車両は、旧西武鉄道と合併した直後の1946年に、西武グループの近江鉄道へ譲渡されました。

用語解説
ダブルルーフ
平たい屋根の上に張り上げた屋根を設けた構造です。主に初期の鉄道車両に設置され、多くの場合、明かり取りの窓が設けられました。

豆知識
近江鉄道
滋賀県の中小私鉄で、本線米原〜貴生川間ほか2線、計59.5kmの路線を運営しています。1943年に沿線出身の堤康次郎率いる箱根土地の傘下に入りました。

蒸気機関車の分類

蒸気機関車には機関車本体に水と石炭を積んでいるタンク機関車（上図）と、それらを別の車両に積んですぐ後ろに牽引するテンダー機関車（下図）があります。動輪の数により、「型」が区別されています。

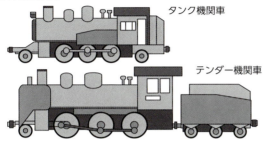

タンク機関車

テンダー機関車

機関車の種類	動軸数	型式	
		形	数字
タンク機関車	2	B	10〜49
	3	C	
	4	D	
	5	E	
テンダー機関車	2	B	50〜99
	3	C	
	4	D	
	5	E	

 **Mini Column**

西武を発展させた堤康次郎

滋賀県出身の実業家。1915年に不動産事業を始め、1920年に箱根土地を設立しました。同社は東京の大泉学園や国立・小平などに学園都市を開発し、都心部へのアクセスとして苦境に陥っていた武蔵野鉄道を傘下に収めました。以後、旧西武鉄道などを合併し、百貨店・ホテル事業にも進出し、一代で西武グループをつくり上げました。また、1924年には衆議院議員に当選し、政治家としての顔もあります。

再建、そして久々の新車投入

　武蔵野鉄道は**池袋〜飯能間43.7kmを一挙に開業し**、その後**10年間で電化**しました。しかし、昭和大恐慌や沿線人口の伸び悩みなどで、1928年から12年間、新車が投入されませんでした。経営は苦しくなり、大株主の浅野セメントが堤康次郎率いる箱根土地に株式を移譲しました。

　新生武蔵野鉄道は景気の回復、秩父の山から搬出される**石灰石輸送**などで息を吹き返し、1940年に**クハ5855形**を製造します。武蔵野鉄道は1940年に多摩湖鉄道、1945年に旧西武鉄道と合併します。武蔵野鉄道名義でつくられた最後の列車は**モハ5570形**（後の301形）です。これらの車両はいずれも合併後の西武鉄道に引き継がれましたが、地方に活躍の場所を求めて他社へ譲渡されたものも多く、西武鉄道に残った車両は廃車されました。

豆知識

武甲山

埼玉県秩父地方に位置する山。標高1304m。北側斜面が石灰岩質のため、石灰石採掘が行なわれています。西武秩父線からは切り取られた稜線がよく見えます。

新宿線・国分寺線の前身
入間から都心を目指した旧西武鉄道

川越・東村山の産品を運ぶ

　西武鉄道は、武蔵野鉄道を中心とした私鉄の合併により成立しました。新宿線・国分寺線は**旧西武鉄道**を前身とします。1894年に**川越鉄道が国分寺~久米川**（仮駅で後に廃止）**間を開業**、翌年に川越（現・本川越）駅まで延伸しました。その後他社との合併が続き、1922年に「西武鉄道」へ改称、1927年、**村山線東村山~高田馬場間**を開業しました。国分寺~本川越間は川越線と称していましたが、1952年に西武新宿~高田馬場間の開業とともに同区間も合わせて**村山線は新宿線に改称**され、川越線の残った区間は**国分寺線**となりました。

　開業時、国分寺駅がターミナルとされたのは、**甲武鉄道**（現・JR中央本線）を経由して都心へ貨物を輸送しようとしたためです。後に直接都心へアプローチするため東村山駅から高田馬場駅へ延伸しました。国

> **POINT**
> **甲武鉄道の歴史**
> JR中央本線御茶ノ水~八王子間の前身で、1904年に飯田町~中野間を電化し、日本の普通鉄道で初めて電車を運行。1906年に国有化されました。

> **豆知識**
> **国分寺付近の西武鉄道線**
> 国分寺線と多摩湖線は同じ国分寺駅をターミナルとし、国分寺線は西へ、多摩湖線は東へ延び、国分寺線小川~東村山間で立体交差します。これは前身が異なるためで、多摩湖線は多摩湖鉄道が開業しました。

西武鉄道の懐かしの車両キハ22。（1957年撮影・髙井薫平）

分寺～所沢間がほぼ南北方向に延び、新宿線が下落合～花小金井間がほぼ東西方向に直線で進み、花小金井駅で北西へ進路を変えるのは、このような由来です。

本川越から電化された

　川越鉄道は非電化で開業しました。甲武鉄道の傍系だったことから、蒸気機関車も甲武鉄道が調達した**K1形**が走りました。これはドイツのクラウス社製の2軸のタンク機関車で、車体長6m級の小さな機関車でした。1902年にはタンク機関車のイギリスのナミス・ウィルソン社製**K2形**を導入しました。**K2形5号（旧3号）は旧保谷車両基地**で静態保存されています。

　電化後は電車が投入され、蒸気機関車は貨物輸送に従事しました。村山線開業時に導入されたモハ551形は鋼製車で、制御車クハ600形とペアで運行されました。車内はオールロングシート、先頭車の正面は非貫通3枚窓でした。これらの車両は武蔵野鉄道と合併した西武鉄道へ継承され、地方私鉄へ転出されたものもあります。

豆知識

村山線開業後の旧西武鉄道

1927年の村山線開業時の高田馬場駅は国鉄（現・JR）山手線と接続していません。翌年に国鉄駅まで延伸し、入間地方からの利便性がよくなりました。これにより都心～入間地方のルートは村山線経由に変わりました。

Mini Column

静態保存されているSL5号

川越鉄道が導入した蒸気機関車3号（後の5号）は、晩年に上武鉄道へ貸し出され、1965年に西武鉄道へ戻りました。そこから長い間、旧保谷車両基地で保存されていました。ところが、西武の歴史を語る車両として静態保存修復が行なわれ、2012年11月に西武鉄道100周年記念行事の一環として完成記念披露会が行なわれました。同所にはSL5号のほか、1925年の武蔵野鉄道池袋～所沢間電化の際に投入されたE11形電気機関車も静態保存されています。

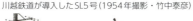

川越鉄道が導入したSL5号（1954年撮影・竹中泰彦）

かつては赤色が西武列車のカラーだった
懐かしい西武鉄道の列車

乗客の急増は車両増備で対応

　1945年9月、**武蔵野鉄道・旧西武鉄道・食糧増産**の3社が合併を果たし、現在の西武鉄道が誕生しました。昭和30年代には沿線の宅地開発が進み、乗客が急増します。西武鉄道はこれをさばくため、**国鉄から戦災車両を大量購入**し、**所沢車両工場**で修復して使用しました。当時、国鉄やほかの大手私鉄ではカルダン駆動方式の車両など、高性能車が投入されていましたが、西武鉄道は"質より量"で混雑を解消しようと、既存車両との性能を統一する目的で**つり掛け駆動方式**の旧性能車を増備しました。このため6両編成・8両編成といった長大編成の列車の運行が大手私鉄の中でも早く、1963年には10両編成の列車の運行も実現しています。

　このころの車両は初代401系・モハ351形・クハ1411形などで、**国鉄63形**、**モハ14形**などを**種車**としています。これらの車両はメインの池袋線・新宿線で運用され、晩年は支線系へ送られました。

> **POINT**
> **食糧増産**
> 戦時中の食糧不足に対応するため、堤康次郎が設立した農業会社で、1944年に設立されました。翌年、同社と武蔵野鉄道・旧西武鉄道が合併して西武農業鉄道が設立され、1年2カ月後に西武鉄道へ改称されました。

> **用語解説**
> **種車**
> 鉄道車両において改造される元の車両を指します。単にリニューアルするだけでは元の車両を種車とは呼ばず、形式変更がなされた場合に使用されます。

72系改造後の国鉄63形。

戦後初めての自社設計車は湘南スタイル

　国鉄から購入した車両の改造で車両製造のノウハウを身につけた西武鉄道は、**1954年**に戦後初めて**自社で設計**した車両**501系**を開発します。501系は西武の通勤型列車の基本となった車両です。4両固定編成で、**制御電動車-付随車-付随車-制御電動車**（Mc-T-T-Mc）という組み合わせでした。制御電動車は17m、付随車は20mと変則でしたが、1957年製造分からは制御電動車も20mに変更されています。501系は西武鉄道において正面2枚窓の**湘南スタイル第1号**でもありました。

　17m級の501系制御電動車を再利用して、17m級だけで編成を組んだのが、1964年に形式番号を与えられた**351系**です。すでに通勤型列車は20m級が標準になっていましたが、17m級が残されたのは**支線で運用**するためです。かつて**多摩湖線国分寺駅のホーム**は17m車3両分しかありませんでした。このため351系は国分寺駅ホームが延伸される1990年まで運行されました。また、351系は通勤型列車が黄色い車体になる前の、ディープラズベリーとサンドベージュの「**赤電**」塗装をまとった最後の形式として注目されました。

> **POINT**
> **国分寺駅のホーム配置**
> 国分寺線と多摩湖線は前身事業者が異なることから、かつては国分寺駅のホームの位置が離れていました。1990年に多摩湖線ホームが国分寺線ホームに近付きました。

大出力のモーターを搭載し、1980年まで活躍した501系。

石灰石・セメント輸送に活躍

もう一つの主役だった電気機関車

経営の柱の一つ「貨物輸送」

　鉄道にとって**旅客輸送と貨物輸送**は、**経営の両輪**です。日本の鉄道の大半は旅客営業に特化されていますが、かつては西武鉄道も貨物輸送を行なっていました。

　電化されてからは電気機関車が貨車を牽引し、秩父の山から産出される**石灰石・セメント**を都心部へ運んでいました。旧保谷車両基地に静態保存されている**E11形電気機関車**は、1923年に武蔵野鉄道がアメリカから輸入したウェスティングハウス社製の**凸型電気機関車**で、武蔵野鉄道時代は**デキ10形**と称していました。3社合併後の西武鉄道に継承され、1961年に廃車されました。1948年に導入された**31形**は東京芝浦電気（現・東芝）製の凸型電気機関車で、1949年に伊豆箱根鉄道に譲渡され、**ED31形**となりました。ED31形は現在も伊豆箱根鉄道駿豆線で運用されています。

貨物列車牽引用の電気機関車を導入

　横瀬車両基地に静態保存されている**E71形**は、1925年に東海道本線電化用として国鉄がアメリカからED10形として輸入したものです。国鉄カラーのぶどう色に塗装され、「ED10 2」のナンバープレートが掲出されています。**E851形**は、西武秩父線開通に伴い製造された機関車で、正丸トンネルを始めとした最高35‰の急勾配を登り、石灰石・セメント輸送を行なう貨物列車用として1969年に投入されました。**私鉄で唯一のF型機**で、機器類は国鉄EF65形、台車はEF81形と同等のものが採用されています。**1時間定格出力は2550kW**とパワフルな電気機関車でした。石灰石・セメント輸送は1970年代には盛んでしたが、次第にトラック輸送に取って代わられ、**1996年、西武鉄道でも貨物列車が廃止**されました。

POINT
伊豆箱根鉄道
神奈川県と静岡県に路線を延ばす私鉄です。大雄山線小田原〜大雄山間と、駿豆線三島〜修善寺間があり、駿豆線の前身に当たる駿豆鉄道が1923年に箱根土地の傘下に入り、そのまま西武グループに属しています。

用語解説
1時間定格出力
連続1時間で出すことができる最大出力の値です。鉄道ではある程度のスピードになれば惰行運転を行なうため、長時間最高出力を出すことはないので、1時間に限定して測定します。

POINT
横瀬車両基地
1970年に電気機関車と貨車の車両基地として開設されました。現在は電気機関車がすべて廃止されたため、車両検修業務は行なわれていません。毎年1回、鉄道ファン向けのイベントが開催され、同基地に静態保存されている車両が一般公開されます。

西武鉄道最後の電気機関車であるE31系。1986年から翌年にかけて4両が製造、2010年に廃車され、1両のみ横瀬車両基地で静態保存されています。

旧保谷車両基地に静態保存されているE11形電気機関車。

第3章 車両・列車のしくみ

 Mini Column

旧保谷車両基地

1922年に武蔵野鉄道の保谷列車庫として、保谷駅に隣接して開設されました。戦後、車両工場が併設されましたが、その機能は後に所沢車両工場へ集約され、保谷列車庫は池袋線の車両の管理を行なう保谷車両基地となりました。やがて、西武鉄道は列車の長編成化を図り、車両を増やしたことから保谷車両基地が手狭となり、2000年に新設した武蔵丘車両管理所(現・武蔵丘車両基地)に車両管理の機能を移管しました。保谷車両基地は車両を留め置く電留線に格下げされています。

赤のストライプが印象的
特急「レッドアロー号」

関東圏で西武鉄道は東武鉄道・京成電鉄・小田急電鉄とともに座席指定有料特急を運行。特急「レッドアロー号」は、池袋線～西武秩父線、新宿線で定期列車として活躍しています。

特急「ちちぶ号」でスタート

　レッドアロー号は、1969年に運転を開始した**全車座席指定の有料特急列車**です。元祖でもあり、デビュー以来、秩父方面への観光客に長く親しまれている「**ちちぶ号**」として池袋～西武秩父間を、通勤客にも利用しやすいよう、後に誕生した「**むさし号**」として池袋～飯能間を、新宿線で運転される特急「**小江戸号**」として西武新宿～本川越間を結んでいます。

　平日2往復、休日4往復でスタートしましたが、現在は30分から1時間に1本という高い頻度で、早朝から深夜まで、平日・土曜休日、朝夕を問わず多数の列車が運転されています。平日の最終列車となる「**むさし53号**」は池袋発が深夜0時と大変便利で、名実ともに西武鉄道を代表する看板列車です。

　車両は、**ニューレッドアローと呼ばれる10000系列車**が投入されています。

用語解説
有料特急列車
西武鉄道のレッドアローは当時、国鉄以外の関東私鉄では、東武鉄道、小田急電鉄が運行していたロマンスカーに次ぐ3番手のデビュー。大いに脚光を浴びました。

Mini Column

安らぎを与えたオルゴールの旋律

現在、レッドアロー号では、車内放送用に電子音のチャイムが流れます。メロディーこそ異なりますが、チャイムは新幹線や他社の特急列車などで広く使われています。しかし、レッドアロー号が誕生した1969年当時、チャイムは主に特急や急行、新幹線などの国鉄車両で使用され、私鉄では名鉄パノラマカーが登場時に装備、東武特急と近鉄特急がサービス向上のためチャイム放送を行なっていた程度でした。そんな中、初代レッドアロー5000系には、オルゴールのチャイムが搭載されました。放送装置は乗務員室にあり、くし歯が弾くオルゴールの音を車内のスピーカーを通して流しました。オルゴール独特の音色は温もりがあり、車内放送を聴くだけで心が安らぎました。

横瀬車両基地で静態保存されている初代レッドアローの5000系。

シートピッチが広く快適な車内。

初代レッドアロー5000系

　初代レッドアロー号は、**西武鉄道初の特急車両**です。先頭車両の正面は2枚の平面・曲面ガラスで構成され、窓下にはエッチング（腐食）加工が施されたステンレス板が配され、クリーム色に赤色のストライプの車体がレッドアロー（赤い矢）を連想させました。車内は両端にデッキが設けられ、客室への入り口は半透明の花柄入り自動ドア、号車ごとに青・金茶・赤・若草とモケットの色を変えた回転式クロスシートが並ぶ、落ち着いた優雅な設備でした。

　運転性能は101系列車と同等で、**大出力モーター**を持ち、**連続勾配にも対応**しました。鉄道ファンから名車として絶賛され、1970年には**鉄道友の会のブルーリボン賞**を受賞しています。5000系は、後継の10000系が1993年に登場すると交代をし、1995年に全車引退しました。

豆知識

幻の特急「こぶし」

1969年から1973年まで運転された、わずか4年間の短命の特急です。休日の前夜、池袋駅を21時55分に出発し、西武秩父駅に23時13分に到着。朝まで車内で仮眠をすることができた登山客向けの列車で、途中の停車駅は芦ヶ久保駅のみでした。

用語解説

鉄道友の会

1953年に設立された鉄道愛好者の任意団体。鉄道知識の普及、会員の親睦、鉄道の愛護と発展の寄与を目的とし、会報の発行や、鉄道関係の見学会、撮影会、講演会などを行なっています。「ブルーリボン賞」はその年にデビューした新車両の中から特に優れたものを選定し、贈られる賞です。

初代レッドアローを彷彿とさせる
レッドアロークラシック

ラッピングを駆使して再現

　ニューレッドアローこと10000系列車には、1編成（10105編成7両）だけ、**初代レッドアロー5000系**のカラーで運行されている車両があります。

　車体は、**赤色のストライプ**が入った**クリーム色のボディー**です。5000系の特徴だった**運転台窓下のエッチング加工されたステンレス板**は、本物ではないものの、ラッピングにより、本物らしく見えるよう、精細に再現されています。また、車体側面には赤字で**「RED ARROW CLASSIC」と描かれ**、人目を引きます。

　運行初日の2011年11月27日には、池袋駅で出発式が行なわれ、テープカットの後、西武秩父駅に向けて出発しました。2013年5月8日までは、車内座席のテーブル背面に昔の写真（1965年ごろの西武線沿線の風景）が掲出され、乗客の注目を集めました。

イベント運転で活躍

　レッドアロークラシックは、**主に池袋～西武秩父間の特急として一般車に混じって運用**されています。また、イベント運転など特別な場合にも、この編成が使われます。下記はこれまでにあった運行例です。

- **西武新宿～拝島の臨時特急**
（2011年12月12～18日）
- **国分寺～本川越駅間開業120周年記念列車**
（2015年3月21日・本川越～国分寺往復、帰路は西武園駅に立ち寄り）
- **エビスビール特急**
（2015年8月25日・西武新宿発、8月27日・池袋発）
- **エビスビール飲み放題　夜行特急ツアー**
（2015年8月25日＆27日・池袋発西武秩父行き）

豆知識

国分寺～本川越駅間開業120周年記念列車の運転経路

本川越駅から所沢駅を通過し、東村山駅から国分寺駅へ。国分寺では3分で折り返し、再び東村山駅、西武園駅に。ここで30分ほど停車し、記念撮影を行なった後、再び東村山駅へ向かい、南入曽信号場を経由し、本川越駅に戻りました。

夜行特急の運転時刻とツアーの行程

2日間限定ツアー。池袋駅を深夜0時29分に出発すると、練馬駅、石神井公園駅、ひばりヶ丘駅、所沢駅に停車、西武秩父駅に深夜2時40分に到着。ここからは、貸切バスに乗って西武秩父駅を3時ごろ出発。三峯神社に4時30分ごろ到着した後は、雲海鑑賞スポットへ向かいました。

5000系の特徴が鮮やかによみがえったレッドアロークラシック。

西所沢駅を通過する池袋行き特急「ちちぶ号」にレッドアロークラシックが運用されました。

 Mini Column

緑のレッドアロー

秩父の長瀞町と寳登山神社(ほどさん)が世界的に有名なフランスの『ミシュラン・グリーン・ガイド』に掲載されたことを記念して、特別塗装のレッドアロー「☆のある町　秩父・長瀞号」として池袋〜西武秩父間で運転されました。車体の赤帯を緑色に変更、ドア横には長瀞付近の写真が掲出され、運転台下には星をあしらったヘッドマークが取り付けられました。2011年7月19日から2013年7月16日まで約2年間の期間限定運転でした。

新宿線の多目的特急

小江戸号

ラクラク快適移動のための有料特急

　1993年に運転を開始した特急「小江戸号」は新宿線の定期特急列車です。**西武新宿～本川越間の47.5kmを45分**で結んでいますが、それほど長距離ではなく、高速運転というわけでもありません。むしろこの車両は、**必ず座れて快適に移動できる**空間を提供するものなのです。列車名の「小江戸」とは終点の川越市を指しています。観光用列車という側面もありますが、昼間は1時間に1本、夕方以降は1時間に2本という頻度で運行されており、ホームライナー的な通勤特急としての役割が強いといえます。

　停車駅は、西武新宿を出ると、**高田馬場駅、東村山駅、所沢駅、入間市駅、本川越駅に停車**します。当初、東村山駅は通過していましたが、2013年3月のダイヤ改正から、全列車が東村山駅に停車するようになりました。

　特急料金は、西武新宿駅あるいは高田馬場駅から乗った場合、所沢駅までが360円、狭山市駅、本川越駅までが420円です。定期券との併用も可能なので、低料金と相まって、気楽に利用できる特急です。

特急にふさわしいゆったりした車内

　車両は、ニューレッドアローと呼ばれる**10000系列車7両編成**。JRのグリーン車のような特別車両はなく、すべて普通車指定席です。営業開始時は4号車が喫煙車でしたが、2006年10月より**全車禁煙席**となりました。

　車内販売はありませんが、ドリンクの**自動販売機**が1号車と7号車にあります。

　シートはリクライニングができ、前の座席の背に収納されているテーブルを使うことができます。また、座席の背の下にはドリンクホルダーがあり、飲み物が倒れないように置けます。50分に満たない乗車時間ですが、ゆったりとした乗車が楽しめます。

豆知識

小江戸号の運転本数
平日の運行本数は、西武新宿発が27本、本川越発が28本。土曜休日は、西武新宿発および本川越発がともに23本と平日より若干少なくなっています。このことからも、やはり通勤用の列車であるといえます。

NRE10000系
10000系は、NRE(New Red Arrow)の愛称で、まず「小江戸号」用としてデビューしました。その実績を踏まえて、池袋線のレッドアロー号で活躍していた5000系を置き換え、西武鉄道の2代目特急車両となりました。

本川越駅に到着する新宿線の看板列車「小江戸号」。

西武新宿駅で発車を待つ本川越行き「小江戸号」。

特急「小江戸号」のサボ(行先標示板)。

「小江戸号」車内。ゆったりした座席が心地よい。

第3章 車両・列車のしくみ

 Mini Column

西武新宿発の特急「おくちちぶ号」

新宿線の有料特急は「小江戸号」が初めてではありません。1976年より土曜休日限定で西武新宿発西武秩父行きの特急「おくちちぶ号」が1往復運転されていました。所沢駅から車両の回送を兼ねた「むさし号」、西武新宿到着後の車庫への回送を兼ねた本川越行き「むさし号」も同時に運転されていました。鉄道ファンには人気の列車でしたが、「小江戸号」運転開始に伴い廃止されてしまいました。

レッドアローに乗車するための 特急券の買い方

特急券を現物で購入したい人は必見

現在は、「チケットレスサービスSmooz」(P.110参照)を利用すれば特急券を購入できますが、その方法では「紙」の特急券は手に入りません。ここではいくつかある「紙」の特急券の購入方法について紹介します。

<購入方法>
①**駅の窓口で買う**
　特急券を買う一番確実な方法です。しかし、混雑している場合があったり、西武線の全駅で買えるわけではありません。とくに都心の特急通過駅では、買えない場合があるので注意しましょう。

②**旅行代理店の窓口で買う**
　西武線沿線に住んでおらず、近くにJTBの店舗がある場合に便利な方法です。購入の際は、店舗の定休日と手数料なども事前に確認しておきましょう。

③**特急券自動発売機で買う**
　レッドアロー号の停車駅（一部駅を除く）には**特急券自動発売機**があります。パネル画面の指示に従ってボタンを押せば購入できます。しかし、日時や列車によってはすでに満席になっていることもあります。

④**インターネット予約で買う**
　事前に西武線の駅窓口へ行く手間をかけず購入するなら、この方法がおすすめです。会費不要で登録でき、前金を納める必要もありません。インターネット予約をした後は、タッチパネル式券売機や特急券自動発売機、特急券発売駅の窓口、JTB各店舗（乗車当日分を除く）で紙の特急券に引き換え、代金を支払います。引き換えには期限があり、乗車日の8日前までに予約した場合、予約当日を含めた8日以内に発券する必要があります。乗車当日に発券したければ、乗車7日前から乗車30分前までに予約すれば、乗車10分前まで発券できます。

豆知識

インターネット予約会員の有効期限
西武鉄道レッドアロー号特急券予約サイト(https://www.seibunra.jp)で会員登録後1カ月間ログインしないと、会員情報は自動削除されます。登録を継続したいときは、空席検索をするなど何らかのログインが必要です。

POINT
窓口がある駅

池袋線
池袋・練馬・ひばりヶ丘・東久留米・清瀬・秋津・所沢・西所沢・小手指・狭山ヶ丘・武蔵藤沢・稲荷山公園・入間市・仏子・元加治・飯能

西武秩父線
東飯能・高麗・武蔵横手・東吾野・吾野・西吾野・正丸・芦ヶ久保・横瀬・西武秩父

狭山線
下山口・西武球場前

新宿線
西武新宿・高田馬場・田無・花小金井・小平・久米川・東村山・所沢・航空公園・新所沢・入曽・狭山市・新狭山・南大塚・本川越

拝島線
玉川上水・拝島

国分寺線
国分寺

特急券自動発売機

所沢駅ホームに設置された特急券売り場。

インターネット予約（トップページ）

NRA NEW RED ARROW
西武鉄道　レッドアロー号　特急券予約

携帯電話での登録について

DoCoMoの画面メモ、auの画面メモ、SoftBankのお気に入りに登録すると予約サービスは、ご利用できない場合があります。
URLを直接入力してしていただくか、DoCoMoはブックマーク、auはお気に入り、SoftBankはブックマークに登録して予約サービスをご利用いただきますようお願いいたします。

特急券予約

登録済みの方は、以下に会員番号・パスワードを入力し、ログインしてください。
＊最後に利用されてから１ヶ月の間にログインされていない場合、登録は自動削除されます。

ログイン
会員番号　　　　パスワード　　　　→ログイン

▶ 会員番号またはパスワードを忘れた方はこちら

＊両方忘れた方は再通知できません。会員番号・パスワードの管理には十分注意してください。

▶ 列車運行状況　　西武線の列車運行状況を確認できます
▶ 空席照会　　レッドアロー号の現在の空席状況を検索できます

会員登録

初めてご利用になる方は、こちらより会員登録をしてください。

▶ 会員規約
▶ 新規会員登録（会員番号発行）

会員情報の変更などはこちらから行ってください。

お知らせ

【お詫び】特急券システムの不安定な状態の解消について

特急券システムに不安定な状態が継続しておりましたが、原因が判明し、改修作業および確認試験を実施いたしました。
現在は全ての特急券システムの不安定な状態が解消しております。
ご利用のお客さまには多大なご迷惑をお掛けしましたことを、深くお詫び申し上げます。

ご利用案内

予約受付可能時間帯　　　→詳細はこちら

午前５：００から午後１１：５５まで
都合により予告なくご利用時間を変更する場合がございます。

予約

ご予約は乗車日の１カ月前の７：００よりお取扱いいたします。
また、発車時刻の３０分前までお取扱いいたします。

ＩＣカード番号の登録について

ＩＣカード番号の登録を行うと、券売機で予約した特急券を購入する際に会員番号を入力することなくスムーズにＩＣカード内にある残額からご購入頂けます。

切符売り場に並ばず乗車できる
チケットレスサービスSmooz

発券不要、乗車変更も2回まで無料

　西武鉄道には、「**Smooz**」というチケットレスサービスがあります。スマートフォンやパソコンなどを使って「Smooz」で特急券を購入すれば、駅窓口に並ぶ必要がありません。また、P.108で紹介したインターネット予約のように**紙のチケットを発券する必要がないため紛失の心配もなく**、大変便利です。乗降時に購入画面の提示を求める場合がありますが、**通常は車内でのチケット確認はない**ため、乗車後はゆっくりと過ごせます。

　もちろん、号車の指定もできます。また、旅行や出張なら、ほかの人の分も含め**4席分まで確保**することができます。乗車変更をしたいときでも、出発時刻前なら**2回まで手数料無料**で変えることができます。

特急券を購入してみよう！

　このサービスを受けるには、まずは会員登録をする必要があります。西武鉄道のウェブサイト（http://www.seibu-group.co.jp/railways）から「Smooz」のページにいき、会員登録を済ませたら、特急券の購入ができます。購入するには会員番号とパスワードを入力して、ログインします。座席の購入の前に、まず、**「特急ポイント」の積み立て**を行ないます。これは、あらかじめ前金を払う作業ですが、1000円から1万円までが選択できます。

　積み立てが済んだら、乗車時刻、号車指定、窓側か通路側かを決めて「購入」をクリックすれば、購入完了です。必ず、乗車日時、乗車区間、座席番号を確認しておきましょう。

　乗車券は別途購入する必要がありますが、全区間ICカード乗車券の利用が可能です。SuicaやPASMOを持っていれば、紙の切符を使わずに利用できます。

豆知識
紙の特急券に変更する

携帯電話、スマートフォンやパソコンなどの故障や電池切れなどにより、チケットレスサービスで購入した特急券の内容を表示できないおそれがある場合は、紙の特急券に換券します。乗車する特急列車の出発時刻前までに特急券自動発売機を操作することで換券ができます。

Smoozサイト

スマートフォンサイトのトップ画面。

パソコンサイトのトップ画面。

購入方法

1. 新規会員登録
2. ログイン
3. 特急ポイントの積立(クレジット払い)
4. 空席検索
5. 列車選択
6. 号車・座席指定
7. 購入確認

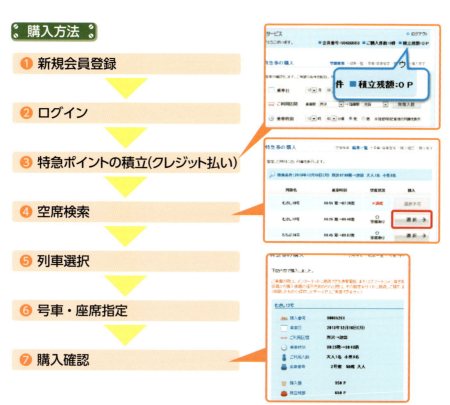

第3章 車両・列車のしくみ

北陸で現役を続ける車両
富山地方鉄道で走るレッドアロー

富山で活躍する初代レッドアロー

　現在、初代レッドアローこと5000系は、西武鉄道の路線からその姿を消しました。しかし、日本海側にある**富山地方鉄道**では1995年から5000系が走り始め、2011年からは、1編成が**観光特急「アルプスエキスプレス」**として活躍しています。

　5000系は、西武鉄道時代の6両編成とは異なり、富山地方鉄道では**3両編成**となりました。形式名も**16010形**と名乗っています。

　16010形は、優等列車のみならず普通列車としても活躍しましたが、その後、乗客減により、中間車を外し、短い**2両編成**として走るようになりました。

　転機が訪れたのは2011年のことです。第2編成がリニューアル工事を行ない、中間車を復活させました。さらに、車内はソファー席や窓向きシートなど観光列車用に特化した内装が施されました。

　両端の1号車と3号車は、一般的なクロスシート車ですが、**床は木のフローリングとし、4人掛けのテーブル付きコンパートメントシート**や沿線の雄大な景色が楽しめる外向きテーブル付きシートなど工夫された座席も備えています。

　この内装の変更は、JR九州の車両デザインでお馴染みの工業デザイナー**水戸岡鋭治**が担当しました。車内を見る限り、レッドアローとは思えないものに変わりました。

　こうしてリニューアルされた編成は観光列車「アルプスエキスプレス」として、**土曜休日限定**で、**電鉄富山～宇奈月温泉～立山～電鉄富山**を走っています。中間車である2号車は指定席車（料金＝220円）で、女性アテンダントも乗車し、飲み物やグッズの販売が行なわれ、人気を博しています。

用語解説
水戸岡鋭治
JR九州の新幹線「つばめ」や数多くの観光列車ならびにクルーズトレイン「ななつ星in九州」のデザインを手掛けたことで有名です。和歌山電鐵や富士急行の車両デザインも行なっています。

豆知識
16010形の構造
実は、西武鉄道5000系をそのまま使っているわけではなく、譲り受けたのは車体だけです。機器類や足回りは、ほかの車両のものが転用されています。

残雪の立山連峰をバックに富山地方鉄道を走る観光特急「アルプスエキスプレス」。

土曜休日限定の観光列車「アルプスエキスプレス」。

第3章 車両・列車のしくみ

映画『RAILWAYS 2』に登場する16010形

富山地方鉄道でロケが行なわれた映画『RAILWAYS 2』(2011年公開)。主役で定年間際の列車運転士を演じる三浦友和が、冒頭と定年を迎えた日に運転するのが16010形です。また、同僚の新人運転士は、西武鉄道のレッドアローが大好きで、わざわざ埼玉県から富山地方鉄道に就職したというエピソードが語られます。並いる豪華キャストとともに元レッドアローの車両は、映画で重要な役割を果たしているのです。

西武球場へ、拝島へ
臨時で走ったユニークな特急

ラクラク野球観戦のための有料特急

　西武ドームでプロ野球の試合やコンサートなどのイベントが行なわれるとき、池袋駅から西武球場前駅まで、**臨時の特急列車**が運転されます。

　過去には、プロ野球の試合開催日に「**スタジアムエクスプレス**」という名で臨時特急が運転されていた実績があります。

　試合には、**デーゲーム**と**ナイトゲーム**がありますが、臨時特急も、**それぞれに合わせたダイヤが設定**されました。デーゲームは土曜休日のみで、試合が13時開始の場合、臨時特急は池袋発12時8分、14時開始の場合は、池袋発13時8分でした。ナイターは、18時の試合開始に合わせ、平日は池袋発17時15分、土曜休日は17時8分発に設定されていました。

　いずれの列車も、途中停車駅は西所沢駅のみ。**西武球場前駅までの所要時間は35分程度**です。これらの列車には、**ドーム77号**、**81号**、**83号**という列車名が付けられました。もちろん、同様に帰りの列車も設定されました。どの列車も特急券（大人360円、子供180円）が必要で、窓口での購入のほか、チケットレスサービスにも対応していました。

通勤特急導入のテストケース？

　近年、乗降客が増えてきた拝島線。通常、特急は走っていませんが、期間限定の臨時特急が2011年から毎年のように運転されています。いずれも、西武新宿駅を夜発車して、拝島駅に向かう片道1本だけの運行で、まるで試験走行のようです。ラッシュ時にゆったり座って帰宅したいという潜在的な需要は首都圏の各鉄道沿線どこでも根強いため、臨時運転により利用者の反応を調査しているのかもしれません。今後、定期運行につながるのかどうか、注目を集めています。

豆知識

コンサート開催に伴う臨時特急

コンサートの場合は開催時間に合わせて臨時特急が運行されます。例えば、17時開演のときは、池袋発は15時8分、「ドーム97号」という列車名での運転実績があります。

時々ある臨時停車

定期運行ルートでの臨時停車としては、巾着田のマンジュシャゲの開花に合わせ、池袋線の高麗駅に「ちちぶ号」が臨時停車したり、秋のお彼岸に小平霊園を訪れる人のために、「小江戸号」が新宿線小平駅に臨時停車をしたりなどがあります。

プロ野球の試合開催日に運行された「スタジアムエクスプレス」。

路線図

池袋 ══ 池袋線 26分 ══ 西所沢 ══ 狭山線 3分 ══ 西武球場前

第3章 車両・列車のしくみ

改札機が多数設置された西武球場前駅。

 Mini Column

西武新宿発拝島行き特急の停車駅

2011年の運転では、高田馬場駅、田無駅、小平駅、玉川上水駅に停車、2012年と2013年は、高田馬場駅、小平駅、東大和市駅、玉川上水駅に停車、2014年は高田馬場駅、田無駅、小平駅、東大和市駅、玉川上水駅と微妙に変化しています。田無駅には停まったり停まらなかったりと試行錯誤が繰り返されています。拝島線内では、最初は玉川上水駅のみ停車していたのですが、2012年から東大和市駅が追加されました。この2駅に停車することはほぼ決まりのようです。

西武新宿発、西武秩父行き
臨時特急「おくちちぶ号」

新宿線唯一だった特急

　1993年に特急「小江戸号」がデビューする以前、**新宿線を走る特急**には、休日運転の「**おくちちぶ号**」がありました。「おくちちぶ号」は、1976年に運転を開始しました。**休日のみの運転**で、朝、西武新宿駅を出発、高田馬場駅に停車し、新宿線を走って所沢駅へ。所沢駅で池袋線に転線し、進行方向を逆に切り替え、飯能駅へ向かいます。飯能駅で再度進行方向を変え、吾野駅から西武秩父線に入って西武秩父駅へ。ちょうど**1時間30分の旅**です。

　帰路は、午後遅くに西武秩父駅を出発し、朝と同じ経路を逆にたどり、やはり飯能駅と所沢駅で進行方向を変え、1時間38分かけて西武新宿駅にたどりつきます。

　この列車は、朝、**小手指車両基地から西武新宿駅まで回送**されていましたが、1980年からは、所沢駅から西武新宿駅まで特急「**むさし50号**」として客扱いを行なうようになりました。また、西武新宿駅到着後は、特急「**むさし53号**」として本川越駅まで新宿線を完走し、その後に小手指車両基地に戻るダイヤとなりました。これが、後の「小江戸号」の原型になったといえます。

現在は、廃止…しかし、臨時運行も

　「おくちちぶ号」は、「小江戸号」の登場と引き換えに廃止となりました。同時に「おくちちぶ号」の愛称は、通常の池袋線の「ちちぶ号」と停車駅が異なる臨時特急の名称に転用されました。

　しかし、2014年には、西武新宿発着としては、実に21年ぶりに、「おくちちぶ号」が**2日間だけ復活**しました。夏の**秩父川瀬祭り**に合わせて7月19日と20日に臨時運転されたのです。2015年にも同じく2日間の臨時運転がありました。

豆知識

臨時特急「おくちちぶ号」の西武新宿発車時刻
1976年は8時38分発、1990年は8時40分発、1991年は8時34分発、そして2014年と2015年は8時32分発と似たような時間で推移しています。

停車駅の推移
「おくちちぶ号」の現役時代は高田馬場駅と所沢駅の間はノンストップでしたが、2014年と2015年の運転では、田無駅と東村山駅にも停まっています。

1976年に運転を開始した「おくちちぶ号」。

2014年に、21年ぶりに2日間だけ復活した「おくちちぶ号」。

 Mini Column

西武秩父発「おくちちぶ号」のダイヤと停車駅の変遷

1976年は、西武秩父発は16時43分でした。その後、折り返し本川越行き「むさし53号」が設定されるようになると、発車時間が早まり、15時50分、15時52分といった時間に変わりました。2014年と2015年の臨時運転では、1日目に花火大会があったため、西武秩父発は21時40分と遅くなりましたが、2日目は16時41分発と現役時代初期のころのダイヤを踏襲した形でした。横瀬駅、入間市駅、東村山駅、田無駅にも停車したのが変わった点でした。もちろん、車両は5000系から10000系に代わっています。

第3章　車両・列車のしくみ

運転士だけで走るためのしくみ
ワンマン列車の走る路線

閑散路線でのワンマン運転

　西武鉄道では、車掌が乗務しない運転士だけの**ワンマン運転**が行なわれている区間があります。
　多摩川線（武蔵境～是政間）、多摩湖線（国分寺～萩山間）、池袋線・西武秩父線（飯能～西武秩父間）、山口線（西武遊園地～西武球場前間） の４つです。いずれも西武鉄道の中でも乗降客数の少ない路線です。
　多摩川線と多摩湖線では、**白い新101系列車がワンマン対応車両**となっています。
　池袋線・西武秩父線の飯能～西武秩父間では、**4両編成で走る4000系**がワンマン対応車両に改造されました。しかし、8両編成でほかの車両が充当される場合や、特急レッドアローには車掌が乗務するため、すべての列車がワンマン運転というわけではありません。
　新交通システムの山口線もワンマン運転です。

運賃精算とドアの開閉

　西武線のワンマン運転区間にある駅には、すべて**自動改札機あるいはICカード乗車券利用者のための簡易改札機**が設置されています。一時無人駅だった池袋線の元加治駅も再び駅員が配置され、**現在、西武鉄道では無人駅はありません**。従って、ワンマン運転といっても地方のローカル線のように、運転士が乗車券のチェックや運賃精算をすることはありません。
　運転士は、運転以外にも**停車駅でのドアの開閉操作**をする必要があります。列車を完全に停止させてから、ドアの開閉操作を行なうため、ドアを開けるまで少し時間がかかります。通常、車掌が乗務している列車であれば分担する仕事を１人でこなしているので、どうしてもタイムラグができてしまうのです。ワンマン運転ならではの事情です。

豆知識

ワンマン運転開始時期
多摩川線は1996年4月1日、多摩湖線の国分寺～萩山間は1998年11月20日、飯能～西武秩父間は2003年3月12日からワンマン運転となりました。山口線は1985年4月25日の新交通システム開業時からワンマン運転です。

ホームの監視カメラ
通常、監視カメラは車掌が見やすいホーム後方にあります。一方、ワンマン運転区間では、運転士が安全確認しやすいように、ホーム前部の運転士が見やすい位置に設置されています。

多摩川線の新小金井駅付近を走る新101系ワンマン列車。

4両編成の西武秩父行き4000系列車。

第3章 車両・列車のしくみ

 Mini Column

白い新101系

かつて西武鉄道の顔だった101系列車。その多くが新しい車両に活躍の場を譲っているので、今走っている車両はわずかです。それらは、多摩湖線と多摩川線でのワンマン列車として走るために改造され、4両編成で働いています。しかも、塗装は、西武鉄道の車両としては異色の白一色です。

第4章
駅のしくみと特徴

西武鉄道の二大ターミナル駅は、池袋駅（池袋線）と西武新宿駅（新宿線）。時代や環境に合わせて駅の構造や名称も変化しています。ここでは現在のターミナル駅や伝統が残る名物駅の様子について、詳しくご紹介します。

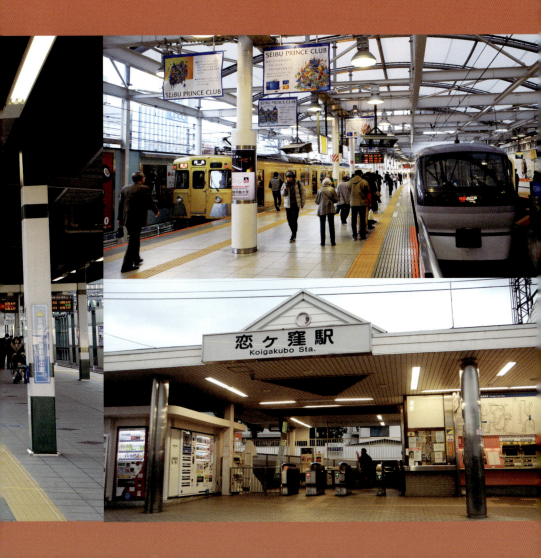

都市近郊鉄道らしい駅へと様変わり

西武鉄道の駅の構造と特徴

近代化が進む駅

かつて貨物輸送が行なわれていた西武鉄道の駅には、貨車の入れ換えなどのための側線があり、**旧国鉄の駅のような雰囲気**がありました。しかし、1996年春に貨物列車がすべて廃止されてからは、首都圏の通勤通学輸送や郊外への行楽客輸送が中心となりました。駅舎の橋上化などの近代化も急速に進んでいます。

利用客ベスト2は池袋駅と高田馬場駅

西武鉄道の都心のターミナルは、**池袋線の池袋駅**と、**新宿線の西武新宿駅**です。最近では、地下鉄との直通運転により、池袋線練馬駅から東京メトロに流れる乗客が増えていますが、池袋線のターミナル駅が池袋であることには変わりありません。

豆知識

2014年度の1日の平均乗降客数

乗り換える路線はありませんが、バスの乗り換えがある大泉学園駅と田無駅が多いのが目立ちます。

●上位10駅 (人)

1	池袋 (池袋線)	478,545
2	高田馬場 (新宿線)	289,810
3	西武新宿 (新宿線)	172,326
4	練馬 (池袋線)	121,472
5	小竹向原 (西武有楽町線)	121,325
6	国分寺 (国分寺線 多摩湖線)	116,316
7	所沢 (新宿線・池袋線)	95,772
8	大泉学園 (池袋線)	83,628

常に多くの乗客でにぎわう池袋駅ホーム。

一方、新宿線は地下鉄との直通運転がないため、途中駅で乗り換えてくる乗客は多くありません。ただ、西武新宿駅が少し不便な場所にあるため、手前の高田馬場駅で、東京メトロ東西線、JR山手線に乗り換える人が多くいます。駅別乗降人員の**第1位が池袋駅、第2位が高田馬場駅**なのはそのためです。**第3位は西武新宿駅**で、高田馬場駅の約29万人に対し、約17万人とかなりの差がついています。

意外に多い国分寺駅の利用客

　駅別乗降人員の**第4位は池袋線の練馬駅、第5位は西武有楽町線の小竹向原駅**と、いずれも地下鉄直通ルート上の駅です。直通列車の場合は乗降客数にカウントされないため、実際にはさらに多くの利用客がいます。

　また、意外にも、国分寺駅が約12万人で第6位に入っています。国分寺線、多摩湖線の利用者が国分寺駅でJR中央線に乗り換えて都心に向かうためでしょう。一見、ローカル線にも見える2つの支線ですが、実は多くの利用者がいるのです。

| 9 | 秋津（池袋線） | 78,878 |
| 10 | 田無（新宿線） | 74,315 |

ワースト7位の遊園地西駅とワースト8位の横瀬駅との差がかなり開いています。ワースト10位の中に、西武秩父線の駅が4駅、池袋線飯能より先の駅が3駅あるので、飯能～西武秩父間では7駅あることになります。

● 下位10駅

1	正丸（西武秩父線）	249
2	武蔵横手（池袋線）	315
3	芦ヶ久保（西武秩父線）	331
4	西吾野（西武秩父線）	357
5	東吾野（池袋線）	518
6	吾野（池袋線）	753
7	遊園地西（山口線）	757
8	横瀬（西武秩父線）	1,801
9	競艇場前（多摩川線）	2,639
10	西武遊園地（多摩湖線）	2,592

西武新宿駅のホーム。特急「小江戸号」と急行拝島行きが出発を待っています。

都心に乗り入れるも、計画は果たせず
西武のターミナル駅変遷の歴史

悲願だった新宿乗り入れ

　池袋線は開業当初からターミナル駅を池袋とし、現在も変わっていません。それに対し、新宿線は、都心ターミナル駅が決定するまで、さまざまな変遷の歴史があります。

　新宿線の前身である「**村山線**」は、1927年に東村山〜高田馬場間で開業しました。そこへ、すでに完成していた川越線の本川越〜東村山間とつながり、**川越から都心までを結ぶ直通運転**が始まりました。

　そのころ、都心の起点であった**高田馬場駅**は、現在の駅とは異なる、JR山手線と交差する手前の場所に**仮駅**としてありましたが村山線の開業から約1年後の1928年4月に鉄道省（のちの国鉄、現JR）山手線の内側の、現在の場所に移転しました。

　第2次世界大戦終了後の1952年、西武線はようやく**新宿への乗り入れ**を果たし、路線名も「**新宿線**」に

> **豆知識**
> **西武新宿駅と高田馬場駅の乗降人員**
> 近年、1日平均の乗降人員は、西武新宿が17万人台、高田馬場は29万人台で推移しています。西武線の駅では、池袋に続いて、2位と3位を占めています。

起点駅の変遷MAP

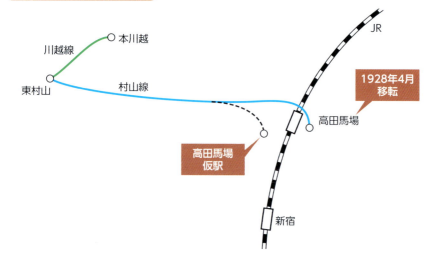

変更されました。当初の予定では国鉄新宿駅への乗り入れが計画されていましたが、戦後の混乱もあり、まずは仮駅として現在の場所で開業されました。

国鉄新宿駅乗り入れ計画

その後、当時の国鉄により新宿駅駅前の整備が進められ、**駅ビルの建設**が始まりました。新宿線は、**この駅ビルの２階に乗り入れる**計画を立てていました。ところが、想定よりもスペースが狭かったため、そのころ乗客が急増していた新宿線を対応させるのは難しいと判断し、乗り入れを断念しました。

そのため、もともと**仮駅としていた西武新宿駅を正式のターミナル駅として設定**することになり、ホテルや商店街の入った駅ビルを建設し、1977年に現在の西武新宿駅の姿になりました。

当初の起点であった高田馬場駅は、現在、新宿線からJR山手線や東京メトロ東西線に乗り換えて都心を目指す人々に多く利用されています。高田馬場駅は、**今でも都心のターミナル駅の一つ**として機能しているといえるでしょう。

> **豆知識**
> **高田馬場駅のホーム**
> もともとは島式ホーム１本の１面２線の駅でした。しかし、急増する乗降客に対応するため、西武新宿方面に専用ホームが増設され、元のホームは、本川越方面専用となりました。

> **Mini Column**
> **地下でJR新宿駅に接続する構想**
> バブル景気の1989年、急増する旅客に対応するため、新宿線の上石神井〜新宿の別線計画が発表されました。地下深くに急行線を造って複々線にするという内容で、途中駅は高田馬場駅のみとし、新宿駅は乗り換えを容易にするためJR新宿駅寄りに造る、というものでした。しかし、その後、乗客数が伸び悩んだことと、建設費の高騰、そして、バブルも弾けてしまったことなどにより、計画は無期延期、事実上の中止となりました。

現在も都心のターミナル駅の一つである高田馬場駅。

複々線のしくみ

急行線をスムーズに走って混雑解消！

練馬高野台駅付近の複々線。中央の2線に各駅停車、外側2線に優等列車が走ります。

複々線の種類は2つ

　複々線とは、複線の線路を2組み並べて上下線合わせて4線にしたものです。2線の複線の倍になるので、より多くの列車を走らせることができ、輸送力が飛躍的に増大します。

　複々線は、線路の並べ方により、**方向別と線路別の2つに分類**されています。方向別複々線は、2線の下り線、上り線を横に並べたもので、同じ方向の列車が隣を走るので**乗り換えが同一ホームで行なえ**、とても便利です。西武鉄道をはじめ、小田急電鉄や東武鉄道などに広く採用されています。線路別複々線は、2つの上下線を並べて4線にしたもので、乗り換えの際はホームが異なります。首都圏のJR中央線など、JR線に多く見られます。不便さが目立ちますが、上下線が独立しているので、**事故が起きた場合どちらかの線路で運転を継続できる**メリットがあります。

豆知識

複々線の記録

JR東海道本線・山陽本線の草津～西明石間120.9kmは日本最長の複々線区間です。そして、向日町～茨木間と塚本～灘間は、1933年に日本で初めて方向別複々線の運転が開始された区間です。山陽本線区間の新長田～西明石間は線路別複々線になっています。

3複線

複々線にさらに1線を加え、3線にしたものです。私鉄では阪急電鉄の梅田～十三間に採用されており、京都線、宝塚線、神戸線の上下線が線路別に3つ並んでいます（線名は宝塚本線・神戸本線）。3複線化は1959年に始まりました。

複々線の配線図／練馬～石神井公園

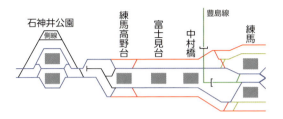

池袋線／相互乗り入れ

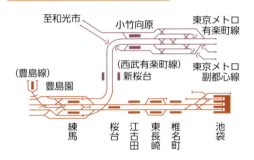

Mini Column

早かった京阪電鉄の複々線

関西の私鉄は、国鉄(JR)やほかの私鉄路線と競合していることもあり、関東に比べて車両や設備に新しいものが使われている傾向がありました。東海道本線、阪急京都線と並行する京阪電鉄京阪本線では、天満橋～寝屋川信号所(萱島～寝屋川市間にある旅客営業を行なわない停車場)間12.5kmが方向別の高架複々線区間です。当初はカーブも多数あり、開業当時の軌道のままでしたが、改良工事に着手し、1969年に近代的な複々線の新線が完成しました。これが私鉄では最初の大規模な複々線路線で、後に東武鉄道など関東にも普及しました。

4線が並び地下鉄線にも直通

　池袋線の練馬～石神井公園間4.6kmは、複々線区間です。複々線が始まる練馬駅は複雑で、**2面のホームと6線の線路**があります。東京メトロ有楽町線、副都心線、東急東横線、みなとみらい線と相互乗り入れを行なう西武有楽町線が分岐しているので、**池袋線、豊島線の各駅停車用と合わせ4線**、さらに**両側にホームのない2線の急行線**があります。石神井公園駅までは方向別複々線で、外側2線が急行線、内側2線が緩行線（各駅停車用）です。石神井公園駅は、2面のホームと4線の線路で、急行線の優等列車と緩行線の各駅停車が、同じホームで乗り換えられます。

　また、小竹向原駅で東京メトロ有楽町線・副都心線に乗り入れる西武有楽町線と池袋線の2つの路線は、ともに練馬～池袋間を結んでいます。これらも、線路の増設である複々線と同様の効果を上げています。

用語解説
相互乗り入れ
異なる会社同士で互いに行なわれる列車の直通運転です。西武鉄道は飯能駅、小手指駅から東京メトロ有楽町線新木場駅まで。また、東京メトロ副都心線渋谷駅、東急東横線を経由し、横浜高速鉄道みなとみらい線元町・中華街駅をつないでいます。2013年3月開始の元町・中華街駅への運転で、日中も快速急行が直通し、西武沿線から乗り換えなしで渋谷、横浜方面に（またはその逆）出かけられるようになり、利便性が大幅に向上しました。

POINT
池袋線の複々線化
まず2001年12月に、中村橋から新設の練馬高野台間が高架複々線として完成しました。続いて2003年3月に練馬～中村橋間が複々線化され、急行・緩行線の分離運転を開始。2011年11月に石神井公園駅まで延伸されました。

単線区間でも上下線が行き交う
信号場のしくみ

列車の交通整理に活躍

　信号場は、**上下線の列車がすれ違いを行なう**ために設けられた場所です。単線区間では、駅で列車のすれ違いが行なわれますが、駅と駅の間が長かったり、駅にすれ違い用の線路を敷く用地が確保できない場合、駅のない線路上に信号場を設けて、上下列車の行き違いが行なわれます。

　信号場には駅はなく、ホームもありません。そのため、列車は一定時間停車するものの、ドアの開閉は行なわれず、乗客も乗り降りすることはできません。

　信号場が設置される場所は、山中など人家の少ないところが多いのですが、その後、周辺に人口が増えて需要が増すなどすると、**昇格して駅になる**場合もあります。

新宿線脇田信号場を通過する本川越行き「小江戸号」。

いろいろなタイプの信号場

　西武鉄道には、全部で**9カ所の信号場**があります。単線区間では、西武秩父線の4811mもの長大な正丸トンネルの中にある**正丸トンネル信号場**、多摩湖線には**回田信号場**、**本町信号場**、山口線には**東中峯信号場**があります。

　そのほかに、**複線区間と単線区間の境界にある信号場**も存在します。この信号場は、列車ダイヤが正常なときには使用されず、列車は通過していきますが、列車ダイヤが乱れ、運行の調整をする必要がある場合には、ここで停車し、対向列車の待ち合わせを行ないます。西武鉄道では、新宿線の**脇田信号場**、池袋線の**北飯能信号場**と**武蔵丘信号場**、国分寺線の**羽根沢信号場**が、このタイプの信号場です。

　また、新宿線の**南入曽信号場**は、**本線から車両基地へ線路が分岐する**場所に設けられています。ほかの車両基地は駅のすぐそばにあるため信号場は設置されていませんが、南入曽車両基地は、新所沢駅と入曽駅の中間にあり、出庫・入庫調整のために設けられています。

豆知識

本町信号場について
多摩湖線の国分寺駅と一橋学園駅との間にある本町信号場では、現在、列車のすれ違いを行なうことはできず、機能停止中となっています。

羽根沢信号場
国分寺線は単線ですが、羽根沢信号場と恋ヶ窪駅の間だけが複線です。この1.2km間が長大な列車行き違い施設と考えることもできます。距離があるので、片方の列車が遅れてもスムーズにすれ違うことが可能です。

多摩湖線国分寺駅と一橋学園駅間の本町信号場。行き違い用の側線は撤去されて、信号場としては使用できない状態です。

Mini Column

北飯能信号場と武蔵丘信号場（豆知識）
池袋線の東飯能駅と高麗駅との間にある2つの信号場は1.5km離れていて、その間のみ複線となっています。2つの信号場を合わせて、列車の行き違いができる1つの大きな信号場とも考えられます。また、武蔵丘信号場は、武蔵丘車両基地と武蔵丘車両検修場への分岐点になっていて、この付近は複雑な線路配置になっています。列車の行き違いのみならず、車両基地に隣接しているため、乗務員の交代を行なう列車があり、そのため乗務員用の短いホームが設置されています。

第4章　駅のしくみと特徴

池袋線 〜池袋駅、保谷駅、稲荷山公園駅、飯能駅〜
ターミナル駅と基地に隣接する駅

西武の二大ターミナルの一つ

　池袋駅は西武新宿駅と並ぶ、**西武鉄道のターミナル駅**です。駅ビルにはデパートが入居し、JR山手線、東武東上線、東京メトロ丸ノ内線・有楽町線・副都心線と地下通路でつながっています。ホームは**頭端式4面4線**になっており、**1・4・6番線は降車専用**、**7番線の奥は特急専用ホーム**になっています。特急ホームは改札内に専用の中間改札口が設けられ、特急券を所持する乗客以外は入れないようになっています。地下改札内には軽食が取れる飲食店もあります。

開業時は車両基地を併設

　保谷駅は武蔵野鉄道開業時に誕生しました。西側に**保谷列車庫**も開設されましたが、保谷車両管理所への改称後に車両基地の機能を武蔵丘車両管理所へ移し、**電留線**になっています。このため、現在も**保谷折り返し**の列車が設定されています。下りが島式、上りが単

用語解説
中間改札口
改札内にさらに設けられた改札口で、料金を徴収する特急への乗り間違えを防ぐ目的もあります。JR駅では新幹線と在来線の間に設けられています。

プラットホームの種類

・**単式**
ホームの片面が線路になっている。反対側は駅舎、出口になっています。

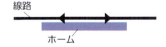

・**島式**
ホームの両面が線路になっている。駅舎に行くには跨線橋、地下道、構内踏切が必要。

・**相対式**
単式ホーム2つが向かい合っている。跨線橋や構内踏切が必要。

・**頭端式**
2面以上のホームの端がつながっている。線路は行き止まりです。

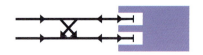

式の2面3線ホームです。1964年に橋上駅舎となりました。

航空自衛隊基地の最寄り駅

池袋線が入間市方面へ西向きにカーブする途中に駅が設けられているのが、**稲荷山公園駅**。ホームは曲線を描いています。**航空自衛隊入間基地の最寄り駅**で、相対式2面2線ホームです。改札口は上り下りホームの両方にあり、いずれも飯能寄りに位置しています。下りホームが**入間基地**に隣接し、航空祭開催日には基地に近い側に臨時改札口が設けられます。**東京家政大学、狭山市立博物館の最寄り駅**でもあり、周辺は緑が豊かな住宅街になっています。

直通列車はスイッチバックする

飯能市の玄関である**飯能駅**には、単式1面、島式2面4線のホームと側線3線があります。単式1面の**5番線は特急専用**で、橋上駅舎の2階に中間改札口が設けられており、主に1・4番線は池袋方面行き、2・3番線は西武秩父行きが使用しています。構内配線は、上り列車・下り列車の同時発車が可能で駅ビルにはショッピングモールとホテルが入居しています。

用語解説
橋上駅舎
出改札口・コンコースなど、駅の営業施設を2階に設けたものを指します。改札外のコンコースが線路によって二分された際、街の自由通路として活用されていることも多いです。

豆知識
航空祭開催日のダイヤ
航空自衛隊入間基地が一般開放される航空祭は毎年11月3日に開催されます。東京から近いこともあり、毎年大勢の来場者で賑わいます。西武鉄道では特急を始め、各駅停車も増発し、臨時特急は稲荷山公園駅に停車します。

池袋線の駅別乗降人員

(2014年度1日平均)

(単位：人)

順位	駅名	乗降人員
1	池袋	478,545
54	椎名町	18,714
37	東長崎	26,981
28	江古田	33,045
59	桜台	13,756
4	練馬	121,472
24	中村橋	38,736
41	富士見台	25,375
39	練馬高野台	25,919
10	石神井公園	75,319
8	大泉学園	83,628
14	保谷	58,481
13	ひばりヶ丘	67,907
17	東久留米	52,953
12	清瀬	68,375
9	秋津	78,103
43	西所沢	24,267
19	小手指	48,058
40	狭山ヶ丘	25,665
46	武蔵藤沢	23,583
69	稲荷山公園	8,975
26	入間市	35,042
62	仏子	12,193
76	元加治	6,828
29	飯能	32,087
79	東飯能	5,455
82	高麗	2,855
91	武蔵横手	315
88	東吾野	518
87	吾野	753

西武秩父線 ～正丸駅、横瀬駅、西武秩父駅～
乗降客数の少ない駅から秩父鉄道へ

最も乗降客数の少ない駅

正丸駅は、西武鉄道の全92駅の中で**最も乗降客数が少ない駅**です。正丸トンネルの入口に面しており、ホーム端から**坑口**が見えます。島式1面2線のホームは盛り土上にあり、**一段低い位置にある駅舎とは、軌道の下をくぐる通路**でつながっています。**山小屋風の駅舎**は正面に向かって左から右へ下がる形状の屋根の**ピロティ式建築**になっています。有人駅ですが自動改札機はなく、ICカード乗車券利用者のための簡易改札機が設置されています。

> **用語解説**
> ピロティ式建築
> 2階以上の建築物において、1階部分（地上面）の全部または一部が開いた空間をつくった建築様式を指します。この空間は駐車場・駐輪場、商業施設にすることができますが、耐震性が低いと指摘されています。

併設する車両基地に保存車両が多数

横瀬駅は秩父盆地の端に位置し、特急が停車します。ホームは島式1面2線ですが、**横瀬車両基地が隣接**することから構内は広々としています。この車両基地は

西武秩父線の駅別乗降人員
（2014年度1日平均）
（単位：人）

順位	駅名	乗降人員
89	西吾野	357
92	正丸	249
90	芦ヶ久保	331
85	横瀬	1,801
75	西武秩父	6,944

山小屋風駅舎の横瀬駅。横瀬車両基地の一般公開日には誘導案内板が立てられます。

電気機関車と貨車の検修施設として1970年に開設されましたが、貨物列車の廃止に伴い、電気機関車・貨車は廃車され、一部は当車両基地で**静態保存**されています。また、西武秩父駅から回送された車両を留置する側線もあります。駅舎はホームの北側に立ち、**構内踏切**でつながっています。自動改札機はなく、ICカード乗車券用の簡易改札機が設置されています。

駅前広場から武甲山がよく見える

　西武秩父線および特急「ちちぶ号」の終点駅が**西武秩父駅**。秩父鉄道の秩父駅とは離れているため、同線への乗り換えは**御花畑駅**になります。西武秩父駅には単式1面1線ホームと島式1面2線ホームがあり、両ホームは**跨線橋と車止め側にある連絡通路**で結ばれています。駅舎側に位置する単式ホームは**特急「ちちぶ号」専用**で、池袋・飯能駅と同様に**中間改札口**が設けられています。駅舎の形は、正丸駅と同様の**ピロティ式建築**です。御花畑駅は西武秩父駅構内に設けられた商業施設、**西武秩父仲見世通り**を通り抜けて徒歩約5分の距離にあります。また、西武秩父線〜秩父鉄道の連絡線が、横瀬寄りに設けられています。

豆知識
西武秩父線に延伸計画があった

長野県軽井沢町には古くから西武グループによるホテル・レジャー施設が建てられています。このため西武秩父線を軽井沢へ延伸する計画がありましたが、上州の山を越えるのが難しく、立ち消えになりました。

用語解説
連絡線

ほかの路線同士を接続するための線路で、短絡線とも呼ばれます。通常営業には使われず、臨時列車の運行や列車の輸送に使用されます。駅構内の渡り線のような小規模なものから、独立した路線となっているものまで、形態や規模はさまざまです。

ピロティ式の駅舎が特徴的な西武秩父駅。秩父鉄道御花畑駅へは右側に進みます。

豊島線の駅 〜練馬駅、豊島園駅〜
高架化された駅と変形ホームの駅

1998年に高架化が完成

練馬駅は、練馬区役所など行政機関が集まる地区の最寄り駅で、**豊島線と西武有楽町線が分岐**します。1965年に**橋上駅舎化**されましたが、一連の池袋線連続立体交差化工事と西武有楽町線建設に伴い、1998年に**高架化**されました。高架化工事中の1988〜1998年は池袋線と豊島線の直通運転が中断されました。また、1997〜1998年までは練馬駅にあった渡り線も封鎖され、101系2本が孤立した豊島線内をひたすら行き来していました。その後、2013年に練馬〜石神井公園間の複々線化工事、2015年に練馬〜大泉学園間の連続立体交差化工事が終了しました。

1991年に練馬駅南側の千川通り（都道439号）の直下に**都営地下鉄12号線**（現・大江戸線）の駅が開業し、**地下連絡通路**で結ばれました。大江戸線は

POINT
都営地下鉄大江戸線
鉄車輪式リニアモーターを採用したミニ地下鉄。1991年に光ヶ丘〜練馬間、1997年に練馬〜新宿間が開業し、2000年に環状部を含めて全通しました。光ヶ丘〜大門〜都庁前間で「6の字」を描く運行が行なわれています。

中央に豊島線、両側に急行線のある上下線で構成された練馬駅。

1997年に新宿駅まで延伸され、練馬は池袋および新宿へ1本で行ける駅となりました。

改札を出れば、としまえんはすぐそば

　都内有数の遊園地、としまえんの最寄り駅が**豊島園駅**です。1927年、武蔵野鉄道によって当駅が開業した際、すでにとしまえん（開園当時は豊島園）は開園していたため、当駅を利用する来園者も多かったようです。**1面2線ホームの端が改札口に接している**変形の頭端式ホームの構造で、ホーム幅がほかの駅より広くなっています。これは1960年代までは2面3線だったものの6両編成しか入線できず、池袋線の増強によって8両編成の乗り入れが必要になったことから、中央の1線を埋めて8両編成対応にした名残です。

　周辺は住宅街で、**通勤・通学客も多く利用**します。としまえんは改札を出て西へ徒歩約2分の場所にあります。また東へ約2分の場所に、**都営地下鉄大江戸線豊島園駅**があります。この駅と豊島線の豊島園駅は運賃乗継割引制度が適用されないため、適用駅である練馬駅での乗り換えを、西武鉄道は推奨しています。

豆知識
豊島線に準急列車があった
1988年までは平日朝に、途中は練馬駅に停車するだけの池袋発豊島園行き準急がありました。利用者の需要に応えるため、早急に豊島園駅へ車両を送り込まなければならなかったためです。

POINT
乗継割引制度
公共交通機関をまたがって利用すると初乗り運賃がかさみ、短距離利用ほど運賃が割高になります。この負担を小さくするもので、東京メトロと都営地下鉄間でも採用されています。

豊島線の駅別乗降人員

（2014年度1日平均）　　　　（単位：人）

順位	駅名	乗降人員
60	豊島園	13,570

2面3線だったころの面影を残す豊島園駅。

第4章　駅のしくみと特徴

西武有楽町線 〜新桜台駅、小竹向原駅〜
駅名標が西武とは違う駅？

西武鉄道で唯一の地下にある駅

新桜台駅は西武有楽町線の地下駅で、開業時は始点でした。このころはほかの西武線とは接続せず、西武鉄道の駅でありながら**営団地下鉄（現・東京メトロ）の支線のような扱い**で、駅名標や案内サインにも営団地下鉄と同じデザインが使われていました。1994年に単線で練馬駅へ延伸されたことで、同線唯一の中間駅になり、駅名標なども徐々に西武鉄道のデザインに移行しました。現在は東京メトロ仕様のものは少なくなっています。

新桜台駅は東京都道318号環状七号線（環七通り）の地下に位置し、**南西へ約700m行くと池袋線の桜台駅が、南東へ約500m行くと池袋線の江古田駅があります**。東京23区内にありながら、1日平均乗降客数が1万人を切っています。これは、当駅から池袋へ向かうには、西武鉄道と東京メトロ2社の運賃が合

> **豆知識**
> **西武有楽町線の地下入口**
> 練馬駅は2面6線（外側2線は通過線）で、西武有楽町線は1・4番線を使用しています。練馬の東ですぐに高架線を降りますが、桜台駅までは高架の池袋線に挟まれながら、下方の半地下を併走します。

西武有楽町線の駅別乗降人員
（2014年度1日平均）
（単位：人）

順位	駅名	乗降人員
5	小竹向原	121,315
71	新桜台	8,033

地下駅である新桜台駅のホーム。全列車が東京メトロ有楽町線・副都心線に直通します。

算されてしまい、桜台・江古田～池袋間より割高になるため敬遠されているようです。しかし、東京メトロ副都心線が開業してからは列車本数も増え、1日平均乗客数は増加傾向にあります。

5社直通乗り入れ路線の拠点駅

小竹向原駅は西武有楽町線の終点ですが、**駅は東京メトロが管轄**しています。このため**駅名標・駅案内サインなどは東京メトロのデザイン**になっています。島式ホーム2面4線で、西武有楽町線は3番線、東京メトロ有楽町線・副都心線和光市方面は3・4番線を使用しています。また1番線には和光市方面から、2番線は西武有楽町線から来る列車が入線します。

東京メトロ有楽町線と副都心線は池袋～小竹向原間で別線になり、当駅で振り分けられます。しかし、**和光市～小竹向原間は同じ線路を使用**するうえ、**西武有楽町線が分岐**するなどホームの前後の配線が複雑です。東武鉄道東上線（和光市から乗り入れ）・東急電鉄東横線・横浜高速鉄道みなとみらい線（ともに渋谷から乗り入れ）の5社が直通する当駅は、**5社直通乗り入れ路線の拠点駅**といえます。

豆知識

小竹向原のホーム柵

副都心線は開業時から全駅にホーム柵が設けられています。小竹向原でも2007年11月までに全ホームに可動式ホーム柵が設置され、2008年4月に稼働しました。

POINT

西武有楽町線への乗り入れ車両

東京メトロ有楽町線・副都心線とつながっている西武有楽町線は、東京メトロ・東急電鉄・横浜高速鉄道の車両が直通します。また、運用の都合上、ごくたまに東武鉄道の車両も乗り入れます。

小竹向原駅の入口。東京メトロの管轄のため、西武鉄道のサインでは標記されていません。

新宿線 〜都立家政駅、上井草駅、東村山駅〜
駅名と発車メロディーに隠された謎

どこにもない学校の名前の駅

　新宿線の急行停車駅である鷺ノ宮の一つ手前に**都立家政**という小さな駅があります。東京都立の学校があるようなイメージの駅名ですが、そのような学校や施設はありません。

　都立家政駅はもともと、「**府立家政駅**」という駅名で1937年に開業しました。府立家政とは、**府立高等家政女学校**のこと。ここから当時の駅名が付けられていましたが、家政女学校は都立鷺宮高校と名前を変え、男女共学、普通科となりました。

　駅名も、東京府が東京都となった際に「都立家政駅」に改名されました。駅名だけが昔のまま変わらずに残っているのです。

上井草はアニメの街

　上井草駅では、発車メロディーにアニメ**「機動戦士ガンダム」のテーマ曲**が使用されています。これは、上井草駅の近辺には、ガンダムを始め、いくつものアニメ製作会社が集まっているためです。駅前には**ガンダムのモニュメント**も立っており、「**アニメの街**」をうたっています。

東村山駅出身のあの人で有名に

　東村山駅は、国分寺線と西武園線も乗り入れる**3面6線の大きな駅**です。特急「小江戸号」も停車します。

　この駅の発車メロディーには、**東村山音頭**が流れます。かつて、ドリフターズの志村けんが流行らせたことから一躍有名になり、市制施行50周年を記念して、2014年12月から使われています。なお、この発車メロディーが流れるのは新宿線ホームだけで、国分寺線や西武園線ホームには流れません。

用語解説

機動戦士ガンダム
1979年からテレビ放映され、人気を博しているロボットアニメ。このアニメの製作会社であるサンライズは上井草駅の近くにあります。

東村山音頭
1963年に当時の東村山町がつくり、東村山の農協が発売しました。全国的に知られるようになったのは、東村山出身の志村けんがTV番組「8時だよ！全員集合」で披露したのがきっかけです。

カーブを描くホームの都立家政駅。各ホーム間は地下道で連絡しています。

新宿線の駅別乗降人員

(2014年度1日平均)

（単位：人）

順位	駅名	乗降人員
3	西武新宿	172,326
2	高田馬場	289,810
64	下落合	11,404
36	中井	27,736
48	新井薬師前	22,072
52	沼袋	19,724
47	野方	22,929
56	都立家政	17,509
31	鷺ノ宮	29,927
45	下井草	23,679
53	井荻	19,615
51	上井草	20,141
21	上石神井	42,451
33	武蔵関	28,792
44	東伏見	23,904
57	西武柳沢	16,181
11	田無	73,509
16	花小金井	54,184
25	小平	37,839

（単位：人）

順位	駅名	乗降人員
30	久米川	31,761
20	東村山	46,831
7	所沢	95,772
35	航空公園	28,006
15	新所沢	54,698
55	入曽	18,327
23	狭山市	40,480
49	新狭山	21,171
58	南大塚	15,903
18	本川越	48,880

 Mini Column

新宿線のユニークな発車メロディー

新狭山駅の発車メロディーには、ロッテのCMソングである「コアラのマーチ」が使われています。これは、駅の近くにロッテの工場があるためです。また、高田馬場駅では、往年のアニメ「鉄腕アトム」のテーマ曲が使われている……という話は有名ですが、実はこれはJR山手線ホームの話。西武鉄道のホームでは、味噌で有名なマルコメのCMソングが流れています。駅近くにマルコメの東京本部があるからです。

第4章 駅のしくみと特徴

国分寺線 〜国分寺駅、恋ヶ窪駅、鷹の台駅〜
多くの利用者や若者が恋する駅

利用者が多い駅と恋物語のある駅

　国分寺線の始発である**国分寺駅**は、**ホーム片面線路1線の駅**です。JR中央線の駅が並んでいるので大きな駅のように見えますが、西武鉄道の駅としては小さな駅です。多摩湖線の国分寺駅も、ホーム片面線路1線の小さな駅ですが、**2路線合わせた乗降客数は西武鉄道内で6位**。所沢駅よりも多いのです。

　国分寺の次の駅は、**恋ヶ窪駅**。何ともロマンチックな駅名です。日本国内には、**「恋」という字の入った駅名は4つ**あり、その4駅を紹介したパネルが、恋ヶ窪駅構内に掲出されています。かつて、バレンタインデーに合わせて「恋の駅きっぷ」という記念乗車券が発売されましたが、大人気となり、発売後すぐに売り切れてしまいました。

緑の多い学生の街

　鷹の台駅には玉川上水、小平中央公園があり、**ホームから見える景色は緑で覆われて**います。

　2本のホームが向かい合い、列車の行き違いができる構造になっていますが、前後の小川駅と恋ヶ窪駅ですれ違いが行なわれるため、鷹の台での列車行き違いはまれです。そのため、昼間は**上下線の列車のいずれも駅舎側の1番線のみを使用**し、2番線は閉鎖されています。2番線に行くには階段のある地下道を利用する必要があったため、1番線のみを使用した方がバリアフリーになり便利です。

　もっとも、正反対の方向へ行く列車が同じホームで発着しますから、慌てると乗り間違えることがあるので注意が必要です。

　鷹の台駅周辺は津田塾大、白梅学園大、武蔵野美大など大学や学校が大変多いところです。そのため、大学生が目立つ活気溢れる駅でもあります。

用語解説

「恋」という字の入った4つの駅名
恋ヶ窪駅のほか、JR北海道室蘭本線の母恋駅、三陸鉄道南リアス線の恋し浜駅、智頭急行の恋山形駅(鳥取県)があります。

豆知識

恋ヶ窪物語
源平争乱のころ、名将畠山重忠と遊女・あさ妻太夫が恋に落ちました。しかし、太夫に思いを寄せる別の男が二人の仲を引き裂こうと「重忠が合戦で討ち死にした」と嘘をつき、悲嘆にくれた太夫が姿見の池(西恋ヶ窪)に身を投げてしまったという悲恋物語。恋ヶ窪の地名の由来といわれています。

高野台駅
池袋線には「練馬高野台駅」があります。所在地の高野台にちなんだ駅名です。しかし、建築時にはすでに国分寺線に「鷹の台駅」がありました。どちらも「たかのだい」と読むことから、同じ鉄道内で紛らわしさを避けるため、頭に「練馬」を付けて「練馬高野台駅」と名付けられました。

ロマンチックな駅名の恋ヶ窪は国分寺市役所の最寄り駅です。

恋の駅をPRしたパネル。

国分寺線の駅別乗降人員

（2014年度1日平均） （単位：人）

順位	駅名	乗降人員
6	国分寺	116,316
63	恋ヶ窪	11,760
38	鷹の台	26,070
34	小川	28,427

 Mini Column

国分寺線列車の運転区間

国分寺線の上り列車は、すべて国分寺行きです。しかし、下り列車の行き先はさまざま。国分寺線内だけを走る「東村山行き」のほか、西武園線に直通する「西武園行き」と新宿線に直通する「新所沢行き」「本川越行き」があります。昼間は10分ごとに列車が来ますが、「西武園行き」が最も多く、1時間当たり3本あります。「新所沢行き」は、新所沢駅の北にある南入曽車両基地に戻る列車です。

第4章　駅のしくみと特徴

多摩湖線 〜一橋学園駅、武蔵大和駅、西武遊園地駅〜
環境に合わせて変化した駅

廃駅や統合の多い区間

　多摩湖線の1つ目の停車駅、**一橋学園駅**は、近くに**一橋大学小平国際キャンパス**があるため、この駅名になりました。しかし、それではなぜ「一橋大学駅」ではないのかというと、実はかつてこの辺りには、わずか300mの間隔で**一橋大学駅と小平学園駅という2つの駅**があったのですが、1966年に統合されました。その際に駅名も2つの駅名を合わせたような「一橋学園駅」になったのです。

　国分寺〜萩山間には、さらに**東国分寺駅**、**桜堤駅**、**厚生村駅**、**青梅街道駅**があり、前述の統合された2駅と合わせて、**わずか4kmあまりの区間に6つもの駅があった**のです。これらの駅は廃駅になったり統合したりと変遷が激しく、開業以来のまま残っているのは、青梅街道駅だけです。

桜を優先して建てられた通路

　萩山駅〜西武遊園地駅の間にある**八坂駅**と**武蔵大和駅**は、ともに築堤上にある高架の駅です。武蔵大和駅の入口から駅舎までの通路は、**桜の名所**として知られていますが、高低差が6mもあったため、階段で上がるには大変不便でした。

　そこで、エレベーターが設置されることになりました。**桜の木を1本も伐採することなくバリアフリー化を達成**するため、エレベーターの出入り口とホームをつなぐ上空通路は、桜並木の間を縫うように曲がりくねっています。また、階段にはあえて屋根が設けられず、桜並木を眺められるようになっています。

　終点の**西武遊園地駅**は、開業当時の1936年には村山貯水池駅でしたが、その後、狭山公園前駅、多摩湖駅と駅名が変わり、1979年に現在の西武遊園地駅に落ち着きました。

用語解説
小平学園駅
かつて存在した駅ですが、小平学園という学校があったわけではありません。不動産会社が開発した学園都市の名称で、同様のものに大泉学園駅があります。

豆知識
多摩湖線国分寺駅
かつては、JR国分寺駅の跨線橋から停車中の多摩湖線列車がよく見える位置にありました。しかし、ホームを延伸するため、1990年に今の場所に移動されました。

一橋駅周辺のかつての駅

わずか4kmあまりの区間に駅が乱立していました。

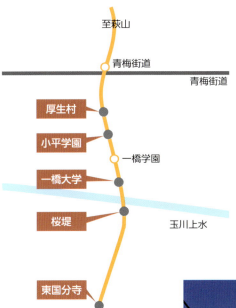

多摩湖線の駅別乗降人員

(2014年度1日平均) （単位：人）

順位	駅名	乗降人員
50	一橋学園	20,481
72	青梅街道	7,580
66	萩山	10,153
78	八坂	5,610
74	武蔵大和	7,205
84	西武遊園地	2,592

 Mini Column

多摩湖線の運転本数

国分寺駅では、ほぼ10分ごとに発車していますが、13時から14時45分までは15分ごとに減っています。その時間帯を中心に萩山駅折り返しが多く、それ以外は、西武遊園地行きが増えます。
一方、西武遊園地駅では、10時台から16時台までは20分ごとの発車で、一部を除き国分寺行きです。ラッシュ時は10分ごとの発車です。また、平日の朝には西武新宿駅行きの直通列車が3本設定されています。

武蔵大和駅。階段の先に空中通路が見えます。

第4章　駅のしくみと特徴

西武園線と狭山線 〜西武園駅、西武球場前駅〜
時代とともに変遷する駅名

頻繁に駅名が変わった駅

　西武園線の終点**西武園駅**。1930年に開業したときは、**村山貯水池前駅**でした。戦時中の1941年になると、軍事上の機密でもある貯水池の位置が推測できる駅名を避けるため、**狭山公園駅**に改名されました。

　戦後は、再び村山貯水池駅となりましたが、西武園競輪場に近い臨時駅を終点とし、多摩湖線の終点と至近距離にあった西武園線の終点駅は廃止になりました。1951年に**西武園駅**となり、今に至っています。

　一方、狭山線の終点は、当初、**村山公園駅**でした。1933年には、**村山貯水池際駅**という、西武園線の終点と紛らわしい駅名になりましたが、やはり軍事上の理由から**村山駅**と再度改名されました。

　戦後の路線復活に際しては、**狭山湖駅**という新しい駅名で再出発しました。

西武ライオンズ球場の最寄り駅

　1979年春、プロ野球球団の西武ライオンズが発足しました。これに合わせ、本拠地西武ライオンズ球場の最寄り駅であった村山公園駅は、**西武球場前駅**と改名されました。その後、球場名は「西武ドーム」に変わったものの、駅名はそのまま残されました。

　西武ドームでは、西武ライオンズの公式戦やイベントなどが行なわれ、多数の観客が訪れます。西武球場前駅の改札口は広く、**改札機も多数設置**されており、また、**ホームは3面6線**もあります。

　しかし、イベントが行なわれない日に使われているのは、**山口線寄りの1番線だけ**で、そのような日は、利用客も少なく閑散としています。

　広いスペースを利用して、「さよなら銀河鉄道999デザイン電車イベント」(2014年12月)のような車両展示、撮影会が時々行なわれています。

豆知識
西武園線の信号場
1950年、西武園線の途中に野口信号場が設置され、二股に分かれた路線になりました。しかし、1951年には元からあった村山貯水池駅につながる路線が廃止され、現在の路線に落ち着きました。

単式1面1線、島式1面2線ホームを持つ西武園駅。駅舎は橋上にあります。

3面6線のホームを持つ西武球場前駅。奥2面は臨時ホームです。

西武園線の駅別乗降人員

（2014年度1日平均） （単位：人）

順位	駅名	乗降人員
80	西武園	3,801

狭山線の駅別乗降人員

（2014年度1日平均） （単位：人）

順位	駅名	乗降人員
70	下山口	8,203
67	西武球場前	9,964

第4章 駅のしくみと特徴

Mini Column

狭山線の臨時列車

例えば、休日の16時開演コンサートの場合、池袋駅では、朝から臨時列車が運行されます。9時台と10時台に西武球場行きの準急が2本づつ、11時台〜13時台には直通の各駅停車が1本づつ、13時台と14時台には、臨時特急も運転されます。その後も各駅停車を2本運転。ほかにも、地下鉄線からの直通臨時列車があるので、かなりの本数が運転されることになります。

拝島線 〜小平駅、萩山駅、小川駅、玉川上水駅、西武立川駅〜
線路とホームが特徴的な駅

錯綜する線路をまたぐ3つの駅

　拝島線の起点である**小平駅**、次の**萩山駅**、その次の**小川駅**は、いずれもほかの路線に分岐する駅です。小平駅は、この駅から**新宿線と拝島線がY字状に分岐**しているので、比較的配線は簡素ですが、続く2駅は、路線が交差しており、複雑です。

　萩山駅では、駅の西側で**拝島線の複線の線路を多摩湖線が横断するように交差**しています。多摩湖線の脇には電留線があるので、線路配置がさらに複雑になっています。

　その次の小川駅では、真っすぐに延びる国分寺線を横断するように**拝島線が交差**します。国分寺線は単線で、小川駅で列車のすれ違いが行なわれるため、ホームは上下線に分かれています。その両側に拝島線の上下線があり、北側では、拝島線上りが国分寺線の2つの線路を横断します。南側では、拝島線の下り線が国分寺線と平面交差して拝島方面へ向かいます。

拝島線単独の駅

　玉川上水駅は、**2面3線ホームの駅**です。ここで折り返す列車は、2つのホームに挟まれた真ん中の線路に入ります。到着すると、まず左側のドアが開き、2番線で乗客を降ろし、次に右側の3番線側のドアが開いて、折り返し列車の利用者が乗り込みます。

　ホームの背後の壁には、春夏秋冬の花と列車を表現した可愛いイラストが描かれています。**昭和記念公園**が近いからです。

　西武立川駅は、2011年にリニューアルされ、新しい橋上駅舎になりました。南口にはショッピングビルとマンションがありますが、今後、さらに開発は進むでしょう。

豆知識
橋上駅舎
線路をまたぐようにして建てられた駅舎。線路の両側から階段、エスカレータ、エレベータで上り、改札を通った後、階段、エスカレーター、エレベーターでホームに降ります。一つの駅舎に線路の両側からアプローチできるメリットがある反面、上り下りが面倒というデメリットもあります。

小川駅で国分寺線と平面交差する拝島線を走る西武新宿行きの30000系。

西武立川付近を走る小平行きの2000系。

狭山線の駅別乗降人員

（2014年度1日平均）　　　　（単位：人）

順位	駅名	乗降人員
42	東大和市	25,130
22	玉川上水	40,571
65	武蔵砂川	10,972
68	西武立川	9,555
27	拝島	34,441

Mini Column

駅名の変遷、由来

東大和市駅は、1979年に青梅橋駅から改称されました。東大和市は、神奈川県の大和市と区別するために、東京都にあるので、東を付けたといわれています。武蔵砂川駅は、1983年に開業した、拝島線の中では一番新しい駅です。すでに、北海道の函館本線に砂川駅があったので、武蔵が付けられました。「国営昭和記念公園砂川口」と駅名標に書かれています。

第4章　駅のしくみと特徴

多摩川線 〜武蔵境駅、多磨駅、新小金井駅、白糸台駅〜
珍しい駅舎と踏切のある駅

高架化された駅

　多摩川線の起点である**武蔵境駅**は、かつて、**JR中央線下りホームの向かい側を間借り**していましたが、高架化を機に、隣に別の駅を造ってホーム**1面2線の駅**になりました。丸いドーム上の屋根で覆われ、小さいながらも**ヨーロッパの駅舎を思わせるたたずまい**になりました。1番・2番線がJR中央線、3番・4番線が多摩川線に割り振られています。

駅名の変遷

　多磨駅は、かつて**多磨墓地前駅**という名称でした。多磨墓地が多磨霊園に名称が変わった後も駅名はそのままでしたが、後に**東京外国語大学**が移転して**病院**が近くにできたことにより、イメージも考慮し、2001年3月に多磨駅に改称されました。

　このとき、隣駅の名前は**北多磨駅**でした。これは近くにあった京王線の駅が多磨駅だったため（現在は多磨霊園と改称）、その駅の北にあるということで北多磨駅と名付けられていたのですが、多磨墓地前駅から改名された多磨駅の南にあるのに「北」ではおかしいということで、同時に**白糸台駅**に改名されました。

いまでは珍しい構内踏切

　新小金井駅、**多磨駅**、**白糸台駅**は、いずれも**列車行き違いができる駅**です。新小金井駅と多磨駅は、相対式（対向式）ホーム、白糸台駅は島式ホームです。駅舎とホームを行き来するには、線路をまたぐ場合があります（白糸台駅は島式ホームなので必須）が、跨線橋や地下道ではなく、**構内踏切**が使用されています。構内踏切は都会では激減しているので、珍しい存在といえるでしょう。

用語解説

多摩川線の列車交換

多摩川線では、競艇場前駅以外の中間駅ですれ違いができます。競艇場前駅は、交換施設が撤去されているため、すれ違いはできません。

構内踏切

駅構内にある歩行者専用の踏切。駅舎とホーム、ホームとホームを連絡するために線路を横断する場合に設置されています。列車の高速化、運転本数の増加につれて、都市部では地下道や跨線橋に変更されています。

ホームにかかる欧風の丸いドーム屋根が特徴的な武蔵境駅。

多摩川線の駅別乗降人員

(2014年度1日平均)　　　　　　　　(単位：人)

順位	駅名	乗降人員
32	武蔵境	29,303
81	新小金井	3,552
61	多磨	13,460

(単位：人)

順位	駅名	乗降人員
77	白糸台	5,635
83	競艇場前	2,639
73	是政	7,573

白糸台駅。ホームの奥の方に構内踏切があります。

 Mini Column

首都圏にある時代を超越した駅

多摩川線の各駅は、武蔵境駅を除いて自動改札機がありませんが、ICカード乗車券利用者のための簡易改札機が設置されています。紙の切符を使用する場合は、券売機で購入したら、そのまま列車に乗り、降りる駅で駅員に切符を渡します。また、新小金井駅、多磨駅、白糸台駅には構内踏切があります。これらはいずれも、首都圏では今や貴重な体験ができる駅といえます。

第4章 駅のしくみと特徴

山口線 〜西武遊園地駅、遊園地西駅、西武球場前駅〜
乗り換えの仕方が異なる起点と終点

スムーズな駅と時間がかかる駅

　山口線の起点である**西武遊園地駅**は、多摩湖線と共用の駅です。多摩湖線を降りてホームを真っすぐ進むと、そのまま山口線のホームに出られ、階段などの段差はなく**バリアフリーで乗り換え**ができます。山口線は、**ホーム1面**、**線路も1本**だけ。到着するレオライナーは、平日の昼間は3分ほどの停車時間で折り返して行きます。

　唯一の中間駅である**遊園地西駅**は、片面ホーム一つだけで、列車の行き違いができない棒線駅です。臨時列車が運転されるときは、その先にある**東中峯信号場**で行き違いが行なわれます。

　終点の**西武球場前駅**は、ホーム**1面2線の行き止まり駅**です。到着すると、ホームの反対側に停まっていた列車がすぐに発車していきます。西武球場前駅は、**狭山線との乗り換え駅**。狭山線と番線は通し番号になっているため、山口線は7番線と8番線です。山口線は、狭山線よりも一段高いところに軌道とホームがあり、狭山線のホームを眼下に見下ろせます。軌道の途切れるところからさらに先まで歩いていき、右へ曲がると狭山線のホームに出られますが、乗り換えには少々時間がかかります。といっても、山口線から狭山線に乗り換える人はあまり多くありません。

すべて廃止になった旧山口線の駅

　軽便鉄道時代の山口線には、**遊園地前駅**と**ユネスコ村駅**がありました。いずれも、現行の山口線の駅とは異なり、すべて廃止になりました。

　2つあった信号場のうち、山口信号場は、当初**上堰堤駅**（かみえんてい）という終着駅でしたが、路線がユネスコ村駅まで延長されたときに駅ではなくなり、信号場に格下げされました。

用語解説
棒線駅
ホーム片面、線路1本だけの一番簡単で必要最低限の施設しかない駅。単線区間にはよく見られます。西武遊園地駅の隣の多摩湖線武蔵大和駅、その隣の八坂駅などが棒線駅です。

豆知識
信号場の必要性
単線区間では、列車が行き違う場所が必要です。普通は中間駅で行なわれますが、駅と駅の間隔が長い場合、その間に設置された信号場で行なわれます。

西武球場前駅の改札内は、野球・イベントの観客輸送を考慮して、広く作られています。

多摩川線の駅別乗降人員

（2014年度1日平均）　　　　（単位：人）

順位	駅名	乗降人員
86	遊園地西	757

 Mini Column

レオライナーの本数

西武遊園地駅と西武球場前駅の発車本数は、平日昼間は1時間に3本（20分ごと）、朝と晩は1時間に2本（30分ごと）で、ほかの路線のように朝夕のラッシュ時に多くなりません。また、休日の夜は40分ごとと少ないです。もっとも、野球の試合やイベントがあるときは臨時列車が増発されるので、不便ではありません。

第4章　駅のしくみと特徴

多摩湖線西武遊園地駅を降り、改札を出ないでホームを進むと、新交通システムの山口線に乗り換えることができます。

第5章
珍しい車両、知られざる施設・工場

西武鉄道の車両の魅力の一つがバリエーションの豊富さ。レッドアローに代表される人気特急車両はもちろん、すでに役目を終えて車両基地で静態保存されている名車など、鉄道ファンをうならせる車両をピックアップします。

東京都・埼玉県に集中する
西武鉄道の保存車両

横瀬車両基地などで大切に保存

　川越鉄道の設立から123年、武蔵野鉄道の設立から103年が経過する西武鉄道。これまでの歴史の中で活躍した車両の一部は、大切に保存されています。

　1996年に貨物輸送が廃止され、さらに2010年には保線用工事車両牽引はモーターカーに引き継がれたことから、電気機関車・貨車の用途がなくなり、廃車されました。このうち、西武鉄道の歴史を彩った車両として、**貨車、5000系初代レッドアローの先頭車**など電気機関車を中心とした車両が**西武秩父線横瀬駅に隣接する横瀬車両基地**に静態保存されています。

　また、**保谷駅に隣接する旧保谷車両基地**では、2012年、「**西武鉄道100年アニバーサリー**」イベントの一環として、静態保存されていた**5号蒸気機関車とE11形電気機関車が修復され、一般公開**されました。

図書館に生まれ変わった列車も

　東京都豊島区の**昭和鉄道高等学校**は鉄道・交通に関する産業教育を進めている高校で、1967年に**西武鉄道から3号蒸気機関車が寄贈**されました。京浜急行電鉄新馬場駅に近い**東品川公園**には、1969年に**西武鉄道から7号蒸気機関車が寄贈**されています。この蒸気機関車は運転台に入ることができます。雨露をしのぐ上屋根が取り付けられ、大切に保存されています。

　新宿線・多摩湖線・国分寺線が延びる**東村山市**には、**101系列車の先頭車を図書館に活用**している「**くめがわ電車図書館**」があります。「グリーンタウン美住」という団地の敷地内にあるこの図書館は、民間の地域図書館です。ロングシートやつり革・荷棚、さらに黄色の車体は現役当時のまま。子供たちだけでなく鉄道ファンにも親しまれています。

POINT

保線用工事
列車の安全・安定走行に欠かせない軌道の保守工事で、砕石（バラスト）の交換・突き固め、レールの交換、路面の削正などが含まれます。主に夜間に行なわれます。

昭和鉄道高等学校
日本で唯一"鉄道"の文字が名称に含まれる高校で、授業には鉄道業務に関する座学や実習が組み込まれています。卒業生の多くは鉄道会社へ就職します。

豆知識

図書館に転身した鉄道車両
東京都昭島市の昭島市民図書館つつじが丘分室は、東海道・山陽新幹線０系の先頭車を図書館にしました。場所はJR青梅線昭島駅から北東へ徒歩約10分の昭島つつじが丘ハイツそばです。

351系クモハ355号。1990年に廃車された351系最後の編成の1両で、横瀬車両基地の一般公開では車内も公開されました。

D15形D16号。タイヤ工場の専用線用としてつくられ、西武鉄道への譲渡後は横瀬車両管理所などの入換用として活躍しました。

E51形E52号。1949年に国鉄から西武鉄道へ譲渡されたスイス製電気機関車で、高性能でした。

E61形E61号。1960年に国鉄から西武鉄道へ譲渡された米国製電気機関車。同型車が名古屋市のリニア・鉄道館で静態保存されています。

西武鉄道の保存車両

保存場所	車両	備考
横瀬車両基地	E41形E43号	元青梅電気鉄道1010形→国鉄ED36形
	E51形E52号	元国鉄ED12形
	E61形E61号	元国鉄ED11形
	E71形E71号	元国鉄ED10形。 2001年に国鉄ED10形2号の姿に復元
	E851形E854号	私鉄最大級の電気機関車
	E31形E31号	大手私鉄が最後に新製した電気機関車
	4号蒸気機関車	元国鉄→元川越鉄道
	5000系クハ5503	初代レッドアロー
	101系クハ1224	池袋・本川越方先頭車
	351系クモハ355	飯能・西武新宿方先頭車
	D15形D16号	ディーゼル機関車
	スム201形スム201号	有蓋貨車
	ワフ101形ワフ105号	有蓋緩急車
旧保谷車両基地	E11形	元武蔵野鉄道デキカ10形
	5号蒸気機関車	元川越鉄道
昭和鉄道高等学校	3号蒸気機関車	元大阪鉄道→元多摩湖鉄道
くめがわ電車図書館	101系クハ1150	開館日は毎週水・土曜日（祝日・振替休日は休館）
東品川公園	7号蒸気機関車	元国鉄2850形

第5章 珍しい車両、知られざる施設・工場

拝島駅手前の謎の平面交差

線路を横切る米軍燃料輸送列車

米軍横田基地へ向かう専用線

拝島線の終点、拝島駅の手前では、**架線のない単線の線路が平面交差**しています。西武鉄道の路線でも、近くのJR青梅線のものでもありません。

この線路の正体は、**拝島にある米軍横田基地とJR青梅線を結ぶ横田基地専用線**です。専用線には通称「米タン」と呼ばれる、**ジェット機燃料輸送貨物列車**が通ります。この貨物列車は、神奈川県のJR鶴見線安善駅に隣接する在日米軍貯油施設から、鶴見線、南武支線、武蔵野貨物線、南武線、青梅線を経由し拝島駅まで、**横田基地で使用されるジェット燃料を専用のタンク車で輸送する列車**です。主に週に2日、1往復が運転されています。拝島駅では、ここまでタンク車を牽引してきたJR貨物のEF65形電気機関車を、DE10・11形ディーゼル機関車に交換。その後専用線に入り、横田基地に向かいます。**貨車はタキ1000形タンク車**で、車体にはジェット燃料の搭載を表した「JP-8」という標記があります。**専用線は米軍施設である**ため立ち入りなどの警備が厳しく、「WARNING」の英文表示が並ぶ警告看板もあり、異国の雰囲気が漂っています。

交差部には特殊レールを使用

タンク車と拝島線の平面交差は、西武鉄道の列車の通過時間を見計らって行なわれます。交差部分には、可動式の**ダイヤモンドクロッシング**と呼ばれる特殊分岐器が設けられています。これによってレールを可動させ、平面交差でできるレールの隙間を最小限にできるので、脱線や横揺れを防止することができます。

見られるチャンスは限られますが、**ディーゼル機関車に牽引され、重々しいタンク車を連ねた貨物列車の縦断**は迫力があります。

用語解説

武蔵野貨物線

JR武蔵野線は本来、東京外環状線という貨物線として計画されました。現在でも貨物線として使われており、多くの貨物列車が運転されています。鶴見～府中本町間は旅客営業の行なわれていない貨物線です。ジェット燃料輸送貨物列車は、尻手短絡線により南武支線に連絡しています。

豆知識

DE10・11形ディーゼル機関車

DE10形はそれまで中型の蒸気機関車が担っていた貨車の入れ換えや、支線区の運転を行なうため、1966年から新造されました。DE11形はDE10形をベースに重入れ換え専用に造られた機関車で、拝島の専用線では台車周りに防音カバーが付けられた2000番代車が使われています。

タキ1000形タンク車

1993年から製造された新しいタンク車。タンク体を大きくし、従来車より多くの重量である45tを搭載できます。新型台車により最高速度も75km/hから95km/hに向上しました。ジェット燃料輸送に使用される車両は日本石油輸送が所有する私有貨車で、グリーンとグレーの2色塗り分けです。

拝島駅手前の平面交差。ダイヤモンドクロッシングのレールが拝島線側につながり、欠線がなくなっています。

米軍横田基地を出発する専用のタンク車。

可動式ダイヤモンドクロッシング。

Mini Column

特殊分岐器

線路が分岐するポイントは分岐器と呼ばれ、普通分岐器と特殊分岐器の2種に大別されます。複雑な構造なものは特殊分岐器と呼ばれ、可動式ダイヤモンドクロッシングもそのうちの一つです。駅の終点などには、上下線を列車が渡るためX字型に線路が交差したポイントをよく見かけますが、これはシーサスクロッシングという特殊分岐器の代表例です。

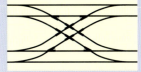

シーサスクロッシングの一例。

第5章　珍しい車両、知られざる施設・工場

幻の複々線化計画
変わらない新宿線の風景

開業当時をしのべる駅も多い

　多くの大手私鉄路線では、複々線化、立体交差化、地下鉄線の乗り入れなどが行なわれ、線形が大きく変わっています。しかし、新宿線ではそれらが行なわれておらず、**昔ながらの風景**がよく残っています。

　例えば、下落合駅をはじめ、中井駅、新井薬師前駅、上石神井駅など、多くの**駅のホームの支柱にはひと昔前の時代の古レールが残されて**います。建設資材への古レールの転用は、かつては日常的でした。レールの大半は明治・大正時代の輸入品で、**今から120年以上前の英国製のレール**を見つけることもできます。開業時代の石積みのホームの駅もあり、歴史を感じます。

　新宿線は、当初より通勤輸送を意識し、住宅地を中心に走る路線であり、どこか懐かしい街並みのある線路風景も残っています。

壮大だった急行線の計画

　そんな新宿線にも**複々線化計画**がありました。かつて新宿線の混雑が激しかったころ、**西武新宿～上石神井間に急行線を設ける**ことが計画されました。途中の停車駅は高田馬場駅のみ。現在の線路の直下に**深さ40mのシールドトンネルを掘削する大深度地下路線**で、上石神井駅から34‰の急勾配で地下に潜り、田無～西武新宿間を急行で18分で走行する構想でした。しかし、輸送量の減少など情勢が変化したことから見直しが行なわれ、1995年に正式に中止されました。

　一方、中井～野方間2.4km及び東村山駅付近が**連続立体交差化**されることになり、中井～野方区間は地下化され、7カ所の踏切が廃止されます。桜並木で知られる中野通りの踏切もこれに含まれ、新宿線もいよいよ変貌を遂げます。合わせて、駅前の整備や「安全快適なまちづくり」も予定されています。

用語解説
シールドトンネル
シールド工法と呼ばれる、大きな茶筒のような機械（シールドマシン）で地中の土砂を取り除きながら造るトンネルです。地表をそのたびに切り開くことなく、地中を掘り進めてトンネルを造ることができます。

豆知識
街灯となった古レール
野方駅のホーム改装工事の際に撤去された上家支柱の古レールは、その後街灯として再利用されています。塗装も新たに施され、歴史ある刻印についての解説版も添えられています。このほか、池袋線東長崎、中村橋、所沢駅などでも古レールは再利用され、美しく保存されています。

POINT
大深度地下
深さ40m以上の地下は大深度地下と呼ばれます。都市部の地下には、電気、ガス、上下水道、地下鉄などが埋設されていますが、それ以上の通常利用されない空間が大深度地下です。

上井草駅の開業時の石積みホーム。延伸部分はコンクリート製で判別できます。

 Mini Column

レールの歩み

日本におけるレールの製造は、1901年に福岡県八幡の官営製鉄で行なわれたのが最初です。1872年の鉄道の始まり以降、それまでレールはすべて海外からの輸入に頼っていました。国産化以降も需要は追いつかず、レールの輸入は、昭和初期まで続きました。輸入レールは欧米など数カ国数十社に及びました。レールには刻印があり、製造会社や製造年、発注会社などが分かります。

下落合駅に残る輸入レール。1894年 英国バーロウ社・1905年 米国カーネギー社製造。日本鉄道(現・JR東北本線などの前身)発注。

中井～新井薬師前間。ほのぼのと温もりのある線路風景が広がります。

第5章 珍しい車両、知られざる施設・工場

カラフルになった101系列車
流鉄の元西武鉄道の車両たち

都心からも近いローカル私鉄

　JR常磐線馬橋駅から千葉県流山市の流山まで、全長5.7kmの小さな私鉄、流鉄流山線（流鉄）が延びています。流鉄には、最近まで西武鉄道で活躍していた車両が化粧直しされ、2両編成で走っています。

　流鉄は1916年3月、流山軽便鉄道として馬橋～流山間が開業されました。流山鉄道、総武流山電鉄などいくつかの社名変更があり、2008年8月に流鉄となりました。過去には、**南武鉄道や京浜急行電鉄、古い西武鉄道の車両**を中心に、オリジナルのオレンジ色の列車が田畑の広がる沿線を行き交いました。

愛称が付き車体もカラフルに変身

　1979年には、西武鉄道で長く活躍していた**501系がオレンジ色の車体になり入線**しました。一般公募により「**流星**」の愛称となり、先頭部には愛称板も付けられました。

　続いて水色の「**流馬**」、銀色の「**銀河**」、黄緑色の「**若葉**」が入線。551系を改造した黄色の「**なの花**」、えんじ色の「**あかぎ**」が導入されて1200・1300形となり、同線の車両はカラフルになりました。

　1994年からは、同じく西武鉄道から701・801系が2000形として、紺色の「**青空**」、柿色の「**明星**」、2代目の「**流馬**」「**なの花**」（車両の色は初代を踏襲）が入り、1200形は引退しました。

　1999年からは、西武鉄道で主力だった**101系が3000形として転入**し、「**流星**」「**若葉**」を襲名。2010年からは、さらに新101系による「**流馬**」「**流星**」「**あかぎ**」「**若葉**」「**なの花**」の5000形がデビューし、現在はすべて5000形で運転されています。

　元西武鉄道の個性的な車両たちは、地元乗客や鉄道ファンに愛されています。

用語解説
南武鉄道
現在のJR南武線です。1944年に国有化されました。流鉄では1927年開業当時の南武鉄道モハ100形が、1979年まで走っていました。

POINT
愛称が付いた西武鉄道車両
愛称の公募は駅のポスターなどで告知され、ハガキで応募ができました。応募者には愛称名の入ったボールペンなどの記念品が送られました。利用者と流鉄が強い絆で結ばれるきっかけにもなり、元西武鉄道の車両は今も愛され続けています。

豆知識
5000形
3000形の後継車で、ワンマン運転を行なうため武蔵丘検修場で改造工事を受け、それまでの3両から2両編成で誕生しました。流鉄入線後、前面に愛称板が取り付けられました。

小金城趾〜鰭ヶ崎間を行くオレンジ色の車体が映える「流星」。

過去に在籍した西武鉄道車両

流鉄には1980年代まで、さらに古い西武鉄道の車両が在籍していました。クハ52・モハ1001形は池袋線の前身、武蔵野鉄道が1926年から新造した初の鋼製車デハ320形です。クハ55・モハ1002形は新宿線の前身、旧西武鉄道が開業に合わせて1927年に登場させた初代列車モハ550形で、深い屋根と水切りがある車体が特徴でした。「川崎造船タイプ」と呼ばれる同車は全国の地方私鉄に売却され、現在も青森県の津軽鉄道で2両が在籍しています。

水色に塗り直された「流馬」が流山駅に到着。

JR常磐線に沿って馬橋へ向かう「若葉」。

第5章 珍しい車両、知られざる施設・工場

軌間762mmの機関車と客車たち
思い出の旧山口線

山口線は「おとぎ列車」だった

　山口線は、以前は**蒸気機関車が走る観光路線**でした。1950年に多摩湖ホテル前（後に遊園地前に改称）〜ユネスコ村間を結ぶ、軌間762mmの**軽便鉄道規格の遊戯施設**でしたが、2年後に本格的な地方鉄道になり、路線名も山口線になります。2軸のユニークな凸型バッテリー機関車1・11形が、天井にある鐘を鳴らし、1・21形客車を引いて走りました。その姿は愛らしく「**おとぎ列車**」と呼ばれました。

SL列車を運転して大人気に

　日本の鉄道開通100年に当たる1972年には、記念に**蒸気機関車が導入**されました。新潟県の**頸城鉄道から2号機（謙信号）**、岡山県の**井笠鉄道から1号機（信玄号）**の2両です。いずれもドイツ・コッペル社製のC型タンク機関車で、休日を中心に運転し人気を集めました。客車には**井笠鉄道のオープンデッキの木造客車31形**も投入され、雰囲気も軽便列車のようで、子供たちの歓喜の声が沿線に響いていました。

　1977年からは、台湾の精糖会社から購入した**コッペル製5形蒸気機関車（527・532号機）**が入線。それに伴い、借り入れていた謙信・信玄号は返却されました。新しい527・532号機は車体も大きく、力強い走行が魅力的でした。バッテリー機関車のおとぎ列車も毎日運転され、SL列車とともに走り続け、多くの人々の笑顔を運びました。

　しかし山口線は、西武ライオンズ球場建設のため、観客輸送のアクセス路線に生まれ変わることになり、1984年5月に営業が休止されました。最終日にはバッテリー機関車とSLが鐘や汽笛を鳴らしながら駅を走り去り、訪れた別れを惜しむ乗客や鉄道ファンの声援に応えていました。

用語解説
C型タンク機関車
動力を伝える動輪が3つの機関車です。蒸気をつくるのに必要な水（タンク）と石炭を機関車本体に積んでいます。水と石炭を別に積んだテンダー車を連結したのがテンダー機関車です。タンク機関車にはテンダー車がないのでバックの運転が容易で、転車台を備えていない支線などで重宝されました。

豆知識
1・21形客車
車体は簡単な構造で遊戯列車然としていましたが、台車は鉄道連隊（旧陸軍の専門部隊）の貨車から転用されており、素性が特異な車両でした。

頸城鉄道・井笠鉄道
頸城鉄道は新黒井（信越本線黒井駅に隣接）〜浦川原間15.0kmを結んでいた軽便鉄道です。「マルケー」の愛称で親しまれましたが、1971年10月に廃止されました。井笠鉄道は山陽本線笠岡〜井原間19.4kmを結んだ地方鉄道で、1971年4月に廃止されました。

遊園地前駅のSL列車。蒸気と煙を盛大に吐き出して出発します。

 Mini Column

旧山口線の車両はいま

返却された蒸気機関車2号機は旧頸城鉄道百間町機関庫跡の頸城鉄道資料館に、1号機は旧井笠鉄道新山駅跡の井笠鉄道記念館に静態保存されています。527号機も台湾に戻り高雄の博物館に展示されています。31形客車は、羅須地人鉄道協会成田ゆめ牧場とけいてつ協会風の高原鉄道にそれぞれ2両ずつ譲渡。また、北海道の丸瀬布森林公園いこいの森に4両が渡り、このうち2両が井笠鉄道時代の塗装に戻され、雨宮製21号蒸気機関車の牽引により、動態保存運転されています。

両端の駅には転車台がなかったため、SL列車はバックの運転が行なわれました。

1984年5月13日、営業最終日のおとぎ列車。愛らしさは最後まで変わりませんでした。

第5章 珍しい車両、知られざる施設・工場

西武鉄道の旅するレストラン
観光列車「52席の至福」

車内での食事に特化した観光列車

　2016年4月17日にデビューした観光列車「西武 旅するレストラン 52席の至福」は、車内で食事をするのがメインのいわゆるグルメ列車です。

　専用車両は、西武秩父線を中心に活躍している4000系1編成4両をリメイクしたもので、デザインは建築家の隈研吾が担当しました。西武鉄道沿線の秩父の自然をイメージした外観や地産木材を多用したインテリアで温かみとくつろぎが演出され、ゆったりと食事ができます。4両のうち、1号車はイベントなども行なえる多目的車両、3号車はキッチン車両で、テーブル席の客席は2号車と4号車のみ。それぞれ26席ずつで合わせて52席。ここから、「52席の至福」というネーミングが誕生しました。52という数字はトランプのカードの枚数でもあることから、各テーブルやコースターにはハートやスペードなどのトランプのマークがあしらわれています。

ゆったりと食事ができる工程

　食事はブランチとディナーの2コース。お昼時のブランチを味わうコースは、池袋駅または西武新宿駅を出発して、西武秩父駅に14時に到着する行程で、通常の列車よりもゆっくり走り、所要時間は約3時間です。

　ディナーコースは、西武秩父駅を17時40分ごろ発車し、池袋駅または西武新宿駅に20時ごろ到着します。いずれも、運賃と食事込みの料金で、乗車のみの利用はできません。土曜休日のみの運転で、西武新宿駅と本川越駅を往復するコースも計画されています。

　コース料理の内容は、秩父を中心とした埼玉県産の食材を使ったもので、日本料理店「つきぢ田村」のシェフ田村隆が総合監修を行なっています。登場以来、人気があって予約が取りづらい列車です。

豆知識

観光列車の料金
ブランチコースは1万円、ディナーコースは1万5000円（アルコール類は別料金）。また、子ども料金はありません。ディナーコースにはお土産が付きます。

専用車両の外観
秩父の四季を表現したもので、1号車=「春」芝桜、長瀞の桜、2号車=「夏」秩父の山の緑、3号車=「秋」秩父連山の紅葉、4号車=「冬」あしがくぼの氷柱、となっています。

秩父のシンボル武甲山をバックに、西武秩父駅を発車し都心に戻る観光列車「52席の至福」。

観光列車「52席の至福」の前面。窓下のヘッドマークのほか、行先表示にはロゴと英文が記されています。

テーブル付きの客席車両となる4号車内部。天井は木の特徴を生かしたもので、隈研吾らしさが表れたデザイン。

メインディッシュは、沿線の食材である武州和牛を使い、黒酢風味で煮込んだ肉料理。

第5章　珍しい車両、知られざる施設・工場

 Mini Column

観光列車製作にかかわった人たち

車両デザインを担当した隈研吾は2020年東京オリンピックで使われる国立競技場のデザインでも有名です。鉄道関係では、JR宝積寺駅(栃木県)や京王電鉄高尾山口駅などのデザインでも知られていますが、車両デザインを担当するのは初めてです。ロゴデザインは古平正義、ネーミングはコピーライターの谷山雅計、車内メロディーは鉄道各社の駅メロ、車内メロディーを担当している向谷実、車内の自動案内放送は女子鉄アナウンサーの久野知美が担当しています。

短命に終わった戦前の駅
上り屋敷駅跡

池袋駅近くに眠るホーム跡

　池袋線に乗って池袋駅を出発し、JR山手線を越えた先の左手に、**土で盛られた細長いスペース**があります。ここには、かつて**上り屋敷という小さな駅**があり、細長いスペースはその**駅の跡**なのです。

　上り屋敷駅は、池袋線の前身の武蔵野鉄道が1929年5月に開業させました。利用者は1932年で66万4262人と、隣の椎名町駅の半数に満たない状況でしたが、山手線目白駅から徒歩10分程度の距離と近かったため、この駅から山手線に乗り換える通勤客も多く、駅は賑わっていたそうです。駅には**手動式の踏切があり、旗を振る係員が常駐。交換台式の電話ボックス**も備えられていたといわれています。

　しかし、上り屋敷駅は太平洋戦争の戦局が悪化した1945年2月に休止となり、そのまま復活することなく、1953年1月に正式に廃止されました。

名残多き上り屋敷の名称

　「上り屋敷」とは**江戸時代の徳川家の狩猟地の休憩所「お上り屋敷」**に由来し、この地域一帯がそう呼ばれていました。現在も、町会名や公園名、アパートの名称などに使われています。駅舎があった場所の前にはコンビニエンスストアが建てられていますが、店舗名は「西池袋上り屋敷店」で、上り屋敷駅があった名残を感じさせます。下り線の線路際にある細長いスペースは列車2両分。ここにホームがありました。小さな列車が発着していた様子をしのばせます。

　都市部では、複々線化や高架線化、沿線の開発などが進められているため、このように**廃止された駅の跡が痕跡を残しているのはまれなこと**です。後世に昔の出来事を語り継ぐうえでも、上り屋敷駅跡の存在はとても大事だといえます。

豆知識
踏切の種類
自動踏切警報器と自動遮断機、または踏切保安係(かつては踏切警手などと呼ばれていました)が配置された踏切を「第1種踏切」といいます。有人の踏切では遮断機を下ろし、安全を確認したら、列車乗務員に白旗を見せて合図します。

POINT
山手線目白駅
目白駅は東北本線の前身の日本鉄道が、品川〜赤羽間を連絡する品川線の駅として1885年に開業しました。このとき、池袋駅は設置されず1903年に遅れて開業。目白駅は現在のターミナルの池袋駅より古い歴史があります。

狩猟地の多い豊島・新宿区
上り屋敷駅跡に近い、高田馬場駅徒歩約15分の新宿区立「おとめ山公園」は緑豊かな大きな公園ですが、ここも上り屋敷同様の徳川家の狩猟地でした。立ち入りが禁止され荒廃していましたが、戦後に一般開放され、現在は多くの市民に親しまれています。

30000系が通過する上り屋敷駅跡。右側の盛り土がホームの跡です。

下り線側はホームの面影をよく残しています。

上り屋敷の名称は近くの公園や建物名などでも見ることができます。

 Mini Column

太平洋戦争と廃止駅

太平洋戦争中は戦争の激化に伴い、駅の間隔が短い駅、乗降客の少ない駅など多くの駅が休止、廃止されました。都内では東武鉄道の隅田公園駅(浅草～とうきょうスカイツリー間)、東急電鉄東横線の並木橋駅(渋谷～代官山間)がいずれも空襲被害により休止、後に廃止されています。西武鉄道でも駅間の短い多摩湖線桜堤駅(国分寺～一橋学園間)、厚生村駅(一橋学園～青梅街道間)などが休止、後に廃止されました。

第5章 珍しい車両、知られざる施設・工場

所沢車両工場

数多くの車両を製造した名工場

自社で車両製造を開始

　鉄道車両は、一部を除き**車両メーカーによって製造**されるのが一般的ですが、西武鉄道では、かつて自社**の所沢車両工場で大量の車両を製造**していました。

　所沢車両工場は戦後間もない1946年、西武鉄道傘下の**復興社所沢車輌工場**として誕生しました。部品の加工、修繕から始まり、空襲で被災した戦災国電の再生に尽力しました。工場は所沢駅の東側に仮設されていましたが、翌年に**旧陸軍立川所沢航空支廠**の土地と建物を譲り受け、そこで本格的に操業されました。1950年からは木造国電の台枠を利用し、車体を新製するようになりました。さらに1954年からは西武鉄道向け新型車の製造を開始、以後、西武鉄道の車両のほとんどを所沢車両工場で製造することになりました。

優れた技術力は全国の車両に

　同工場が得意とするのは、**地方私鉄向けの車両の供給**です。戦災国電を再生させるなど、長らく培ってきた優れた技術力を生かし、廃車車両などを手際よく新車に仕立てました。このため、同工場出身の車両は数多く、全国の地方私鉄で活躍をし、現在も現役のものもあります。また、同工場が開発したドア用の「**ST式戸閉機構**」も多くの鉄道車両に普及しました。

　所沢車両工場は復興社から西武建設を経て、1978年に晴れて西武鉄道の直営となりました。自社製造の体制は続きましたが、1979年からは車両メーカーによる分散製造も開始され、所沢駅西口の再開発計画が決まり、業務は次第に縮小。長く続いた車両製造は終了し、検査業務を武蔵丘車両検修場に移転させ、2000年に工場は閉鎖されました。しかし、同工場で造られた西武鉄道の列車は、今も工場で取り付けられた**車両製造銘板**とともに走っています。

POINT
車両工場のその後
閉鎖後もしばらく工場跡地、引込線の跡が残されていましたが、引込線は整備されて駐輪場などに利用されています。工場跡地も間もなく再開発が行なわれます。

豆知識
戦災国電
戦争で被災した国鉄車両は、戦後の車両不足を補うため、その多くは修理して再生されました。破壊されひどい状態でしたが、粗রながらもきちんと走行できる車両に直されました。修復された車両は戦災復旧車などとも呼ばれています。

用語解説
車両製造銘板
車両の製造所や製造年を標記したプレートです。これが取り付けられて車両は完成します。その車両の製造にかかわった人たちの情熱や苦労など、すべての想いの象徴とされており、車両の端部にあります。

所沢車両工場跡地。まだ建物が残っていますが、間もなく再開発されます。

 Mini Column

ST式戸閉機構

両開扉の開閉に開発されたもので、1基の戸閉機械により、扉上の鴨居部にゴムベルトを使用し、左右の扉を連動させて駆動する戸閉装置です。ST＝SeibuTokorozawaの頭文字をとって命名されました。同工場の特許となった開発品で、山手線などで走った国鉄103系をはじめ、その後の国鉄・私鉄を問わず広く車両に採用され、現在も使用されています。

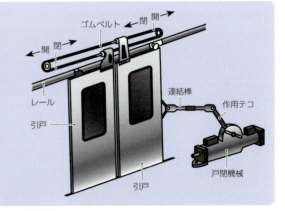

第5章 珍しい車両、知られざる施設・工場

所沢車両工場への引込線跡は、自転車駐輪場として活用されています。

所沢駅の南西に見られる線路用地（写真の右側）が車両工場への引込線跡です。

鉄道と歩み球界で活躍する
埼玉西武ライオンズの軌跡

東日本唯一の鉄道系球団

かつては、さまざまな鉄道会社が**プロ野球球団**を保有していました。**阪急ブレーブス**、**近鉄バファローズ**、**南海ホークス**や**JR化前の国鉄スワローズ**もあり華やかでした。時は流れ、現在プロ野球球団を保有する鉄道会社は、西武鉄道系の**埼玉西武ライオンズ**、阪神電鉄系の**阪神タイガース**の2球団のみとなりました。埼玉西武ライオンズは**東日本では唯一の鉄道系球団**です。

埼玉西武ライオンズは、西武鉄道グループの国土計画が1978年に福岡のクラウンライターライオンズを買い取り、本拠地を埼玉県所沢市に移して西武ライオンズとして誕生させました。新球団の発足にあたり、実力のある野村克也、田淵幸一らを獲得。手塚治虫の「**ジャングル大帝レオ**」をマスコットマークに起用するなど、大いに話題となりました。最初のシーズンは最下位でしたが、次第に戦力を上げ、広岡達郎監督を迎えた1982年にはパ・リーグ、日本シリーズ優勝と早くも日本一の球団に成長しました。

西武ライオンズ球場を建設

ホームグラウンドには、狭山線狭山湖駅付近にあった**西武園球場**を改装し、丘陵地を掘り下げて**約3万人が収容できる西武ライオンズ球場**を完成させました。さらに1999年にはドーム化され西武ドームとなりました。

狭山湖駅は1979年3月に西武球場前駅に改称、前年11月に現在の場所に移転されました。ホームは多数訪れる観客、臨時列車の運転にも対応できる3面6線、多摩湖線にアクセスする山口線用にはホーム1面2線が設けられています。臨時改札口や窓口もあり、乗客が集中してもスムーズに利用できるしくみになっています。

POINT

名称変更された現在

西武ライオンズの球団名は2008年1月に、本拠地である埼玉県にちなんで、埼玉西武ライオンズに変更されました。

球場のドーム化

西武ライオンズ球場は、グラウンドが地下に位置する斬新な構造でした。後に屋根が設けられ半ドーム化されますが、これも自然を生かした球場と評判でした。しかし雨天による試合中止も多かったため、天井すべてを屋根で覆い完全にドーム化されました。

豆知識

狭山湖駅

西武球場前駅になる移転前の狭山湖駅は、晩年まで小さな木造駅舎が建つ風情あるたたずまいでした。駅の出札窓口では硬券切符（厚紙の切符）が売られ、狭山スキー場に隣接し、狭山湖畔にも近かったことから、たくさんの観光客に親しまれました。

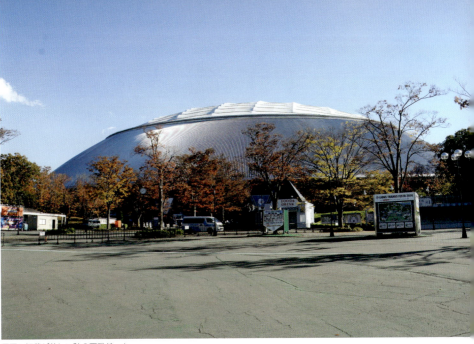

周囲の紅葉が美しい秋の西武ドーム。

 Mini Column

少年の心をつかんだ野球帽

西武ライオンズの初代の帽子は、明るいブルーにレオマークが付いたもので、2000年まで使用されていました。初シーズンの1979年、球団事務所が置かれていた東京・池袋では少年たちにこの帽子が無料で配られました。当時の東京の野球少年は全員といっても大袈裟ではないほど読売ジャイアンツのファンでした。そんな時代にライオンズの帽子は斬新でカッコよく少年たちの心をとらえました。その後の好成績と日本一。ファンを順調に獲得した西武ライオンズは球界での地位を確立しました。

西武ライオンズ野球帽は、野球少年を中心に大人気となりました（写真は初代の帽子のレプリカ）。

狭山湖駅で販売された硬券入場券。

第5章 珍しい車両、知られざる施設・工場

池袋線の車両のメイン基地
小手指車両基地

400両近くの車両を保有

営業運転に使う列車の車庫であり、**メンテナンスをする役割を持つ**施設は、一般に「検車区」と呼ばれることが多いのですが、西武鉄道では「**車両基地**」という名称で呼ばれています。**小手指車両基地**は池袋線の60％に当たる391両（2014年10月1日現在）の列車を配置する、**西武鉄道最大の車両基地**です。また、小手指車両基地、山口車両基地、武蔵丘車両基地、横瀬車両基地、保谷電留線を合わせて、**池袋線車両所**という組織になっています。

小手指車両基地が配置する車両は、**2000系**、**6000系**、**10000系**、**30000系**と多岐にわたります。勤務する社員は所長を含め52人。事務所には、**月検査班**、**機動班**、**列車検査班**の3つの部署があります。

日夜にわたって続く車両の出入り

小手指車両基地は**小手指駅**の近くにあり、池袋線の列車からよく見えます。朝のラッシュ時にここを通ると、並んでいる列車は少なく、空いた線路が目立ちます。一方、昼間になると多くの列車が並び、賑やかな雰囲気です。ラッシュ時は列車の運転間隔が短く、多くの列車が稼動するので、このような違いが生じます。

車両の出入りは初電前から終電後まで続きます。また、**車両の検査や修繕は車両基地に入庫している間に**行なわれます。したがって、**業務は24時間体制**で、社員の勤務には、8時45分から17時30分までの日勤と、8時45分から翌日8時45分まで（深夜から早朝にかけ、5時間30分の睡眠時間あり）の徹夜の2通りがあり、前者は月～金曜日、後者は毎日の稼動です。毎日の安全な運行のため、社員は働いています。

POINT
車両の入庫と検査

小手指車両基地には西武鉄道だけでなく、相互直通運転をする東京メトロおよび東急電鉄の列車も入庫しますが、検査は行なわれません。

豆知識
横瀬車両基地

小手指車両基地と同じ池袋車両所という組織に属する、横瀬車両基地は、西武秩父線開業の翌1970年に開設されました。ここは貨物列車に使う、電気機関車や貨車の基地でした。しかし、西武鉄道の貨物営業はすでに廃止され、現在は過去の車両の保存場所として活用され、例年秋に公開イベントが開催されています。

車両基地に並んださまざまな車両。

小手指駅の近くにある小手指車両基地の入口のサイン。

西武鉄道の車両基地

西武鉄道の車両基地は小手指のほか、武蔵丘、横瀬、上石神井、南入曽、玉川上水、白糸台、山口の7カ所にあります。そのうち武蔵丘車両基地は武蔵丘車両検修場と隣接して立地し、両者を合わせて鉄道車両のメンテナンスをする巨大な施設となっています。

第5章　珍しい車両、知られざる施設・工場

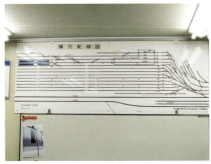

車両基地内の配線図。1本の線路に30両並べることができます。

検査・修繕をする建屋。

さまざまな検査と修繕業務

　小手指車両基地の役割の一つは、**営業運転に出ていない車両の格納**です。必要なときに必要な車両がすぐ営業路線に出られるようにするため、**並べ方も考えられて**います。格納用でメインとなる線路のうち9本は、**30両分の長さ**がありますが、すぐに営業運転に使う編成が奥に位置しないようにしなければなりません。

　また、単に車両を格納するだけではなく、**定期的な検査も実施**されます。具体的には**列車検査**と**月検査**があり、それぞれ専用の長さ210mの線路が1本ずつ設けられています。検査できる1日当たりの数は、**列車検査が40〜50両、月検査が8両**。それぞれ列車検査班と月検査班の担当です。また、これらの定期検査とは別に、**主要機器の交換や修繕**、**磨耗した車輪の削正**などの作業があり、機動班が担当しています。そのための線路は長さ67.5mのものが2本あります。なお、小手指車両基地構内の線路の有効長は、合計8351.6mです。

列車の清掃も大切な仕事

　利用者に気持ちよく列車に乗ってもらうためには、清潔にしてあることも重要です。そのため、各車両は**20日ごとに外装と窓、60日ごとに車内を含めた全体**の清掃が行なわれます。外装の清掃では、自動で水を吹き付ける洗車設備が使われますが、前面や細部は手作業によるふき取りが必要です。**室内の清掃も手作業で行なわれる**ので、列車を奇麗に維持するには人手が必要です。そのためこれらの清掃作業は、協力会社に委託されています。

　保谷駅には列車を留めておく設備、**保谷電留線**があります。これも小手指車両基地の管轄で、66両の列車を収容できます。常駐の社員はいないため、毎日、小手指車両基地から2人の社員が出張し、入庫した車両の点検や整備に当たっています。

　このように小手指車両基地は池袋線の列車の保安を担っていますが、車両基地自身の保安も重要です。そのため、**安全衛生組織**や**自衛消防隊組織**も備えています。

用語解説

列車検査
車両の走行状況に応じ、少なくとも10日に1回実施される主要部分の検査を指します。また、保谷電留線への出張は、列車検査班の業務です。

月検査
90日を超えない周期で、列車検査より多くの個所を検査します。さらに大がかりな検査は武蔵丘検修場で行なわれます。

有効長
車両を止めておくのに使える線路の長さのことをいいます。ポイントの近くなど、停車していると隣の線路の車両に触れる範囲は含まれません。

列車検査と月検査は車両基地構内の建屋で行なわれています。

パンタグラフの検査。

ブレーキ機構の調整。

 Mini Column

新宿線の車両基地

新宿線の車両基地で最大なのは南入曽車両基地で、新所沢駅と入曽駅の間にあります。車両収容能力は小手指車両基地が346両なのに対し、南入曽車両基地は250両。業務の内容はどちらもほぼ同じです。また、例年8月または9月に「南入曽車両基地 電車夏まつり」という、施設公開イベントが開催されています。

車輪の削正。

専用の洗車機にかけられる車両。

手作業による先頭車両正面の清掃。

第5章 珍しい車両、知られざる施設・工場

西武の列車にとっての総合病院
武蔵丘車両検修場

郊外に開設された巨大施設

　人間は健康を維持していくため、職場や学校などで定期健康診断を受けるほか、ときには総合病院で人間ドックなどの大がかりな検査を受けます。鉄道車両にも、これと同様のことが必要です。車両基地で行なわれる**列車検査**や**月検査**は、人間の定期健康診断に相当します。また、車両各部を分解する大がかりな検査、すなわち人間ドックに相当することが行なわれる施設が、**武蔵丘車両検修場**です。所在地は埼玉県日高市、池袋線の高麗駅の南側、線路沿いにあります。

　かつて西武鉄道には**所沢車両工場**がありましたが、設備の老朽化に伴い、2000年に開設された武蔵丘車両検修場に業務が引き継がれました。**敷地面積は約85万㎡**もありますが、建屋の高さを低くしており、景観が損なわれていません。

計画的な車両の入場

　武蔵丘車両検修場で通常行なわれるのは、車両のほとんどの部分を分解して検査をする**全般検査**と、走行や安全にかかわる部分を重点的に分解検査する**重要部検査**です。それぞれの**検査実施周期**は法令で定められ、検査が実施されていない車両は、運行することができません。これは自動車の車検と同様なのですが、鉄道においては営業運転に使用するすべての車両を、決まった周期内に検査する必要があります。

　そのため、在籍する各車両の検査周期を把握し、期限ぎりぎりになる前に、計画的に検査を実施します。年末年始など車両検修場が連休になる際は、前倒しをして検査を済ませるなど、**計画立案**が非常に重要です。そして、その計画に合わせて、さまざまな車両が武蔵丘車両検修場に回送されます。

用語解説

全般検査
列車の定期検査で最も規模の大きいもので、車両の各部をほぼ完全に分解します。検査周期は8年を超えない期間と定められています。

重要部検査
走行や安全にかかわる部分、すなわち主電動機やブレーキなどを中心に分解・検査します。周期は4年または走行距離60万km、どちらか早い方です。

列車の検修建屋内への移動は、構内牽引機によって行なわれます。

武蔵丘車両検修場では太陽光発電を実施しています。

内装部品も取り外され、徹底的に検査されます。

車体の傷んだ個所は補修され、塗装し直されます。

第5章　珍しい車両、知られざる施設・工場

分解して徹底的に検査

　ここで武蔵丘車両研修場での全般検査の流れを見てみましょう。検査のために回送されてきた列車は、建物内に入ると**連結を外されて1両単独**にされ、座席など一部の装備品が取り外された後、**ジャッキで車体が持ち上げ**られます。車体が宙に浮いた状態になり、線路に残った**台車は検査する設備に移され**ます。車体は、車両検修場内での移動のための仮台車に乗せられ、本格的な分解が始まります。

　車体周りの検査は、**高圧空気噴射による汚れの除去**、**床下と屋根上の機器類の取り外し**、**車内の装備品や電気配線の取り外し**といった順序で進みます。工程ごとに作業する場所が異なり、移動には**トラバーサー**が使用されます。取り外された機器類は**さらに細かく分解して検査**され、**部品の交換や調整**が行なわれます。また、車体外観は傷んだ個所が補修された後、**奇麗に塗装**し直されます。ステンレス車で塗装されていない部分はこの工程が不要です。

完璧な状態で出場する列車

　台車を構成している部品も一通り分解されます。主電動機（走行用のモーター）や車輪、そしてブレーキ機構など、**安全な運行に直結する重要な部位**なので、検査、部品交換、調整が徹底して実施されます。

　各部の検査を済ませたら元通りに組み立て、最後は車体を台車に乗せます。まるで新車のようにリフレッシュされた列車は、回送で来たときと同じ順番に連結されて編成され、施設内の一番端にある検査線に移動。ここでチェックが行なわれて、パンタグラフが上げられ、電気を流して最終的な検査となります。

　武蔵丘車両検修場では**年間に全般検査が300両**、**重要部検査が200両実施**されます。どちらも**1回の検査に要する期間は約3週間**。常にまとまった数の列車の作業が、並行して行なわれます。従業員数はともに検査を行なう協力会社のスタッフを含めると合計約200人。これらの人々の手により、西武鉄道の列車の安全管理が行なわれています。

用語解説

トラバーサー
車両基地や検修場などにある設備で、車両を乗せて移動させるのに使います。武蔵丘車両検修場には2両用と1両用の2機があります。

POINT

ステンレス車の塗装
ステンレスは鉄と違い、素材が露出していても錆びないという特性があります。そのためステンレス車は塗料の剥離と再塗装が不要で、検査の際の省力化にも寄与しています。

構内に流れる音楽
鉄道車両の検査をする施設というと堅苦しいイメージがありますが、武蔵丘車両検修場ではトラバーサーや車両を持ち上げるジャッキが作動するとき、優しい音楽が流れます。

平行に並んだ線路間をトラバーサーに載って移動する車両。

作業する車体を乗せる仮台車。

シートの張り替え作業。

台車の分解作業。

車両を元の編成の順序に連結。

検査が済んだ車体と台車をドッキング。

第5章 珍しい車両、知られざる施設・工場

 Mini Column

車両の回送

武蔵丘車両検修場で検査を受ける列車は、車両基地との間を移動する際、「回送列車」として運転されます。これは営業運転と同様、その列車が自力で走るのが基本です。ただし、多摩川線は西武鉄道のほかの路線と接続していないので、JRの路線を電気機関車の牽引により、武蔵境〜秋津間を回送されます。また、山口線の車両はトレーラーで運ばれます。

179

第6章 運行のしくみ

本章では車両や駅だけでなく、日々の運行に携わるさまざまな人や取り組みについてもご紹介します。司令の役割や線路の保線、他社乗り入れのしくみなど、システムの要というべき重要業務を見ていきましょう。

日々の輸送を支える
運行にかかわる人々

多岐にわたる業務内容

鉄道事業は、**車両**だけでなく**線路**や**駅**などの**地上設備**、そして**電気**や**信号**などを含んだ巨大なシステムで成り立っています。構成する要素のそれぞれが完璧に機能しないと、正常な列車の運行はできません。

時代の流れとともに新しい技術が導入され、さまざまな分野で自動化も進んできました。しかし、決してあらゆることを機械任せにできるということではなく、人の能力が必要な領域は今も多くあります。

また、日常の列車運行をスムーズに遂行するだけでなく、**将来の輸送需要を予測**し、それに対応した**設備の計画**、**新しい列車ダイヤの設定**なども大変重要です。

これらの分野でも、経験や知識を持つ人間の頭脳が欠かせません。鉄道会社ではさまざまな職種の人が働

豆知識
人材の採用

鉄道や関連事業を継続していくには、人材の採用が欠かせません。西武鉄道では高校新卒者の旅客サービス、技術係員、保線係員の各職種、大学・大学院の新卒者および既卒者の総合職、大学・短大・高専・専門学校の新卒および既卒者の専門職の採用が行なわれています。

運行にかかわる人々
列車の運行は、運転士だけではなく、多くの人々に支えられて行なわれています。

変電所

運転司令所
運転司令員…線区全体の運行状況を監視し、トラブル発生時には各所に指示を送る。
電力・信号通信司令員…電力供給や信号機などの設備に異常がないか監視する。

駅
駅務員…乗車券発売などの営業業務のほか、旅客サービスも行なう。

列車
運転士…列車を運転する。ワンマン運転の場合は車掌の役割も兼任する。
車掌…ドア開閉などのほか、緊急時には列車を非常停止する役割も担う。

き、輸送のシステムを動かしているのです。

部署による分担と連携

　西武鉄道という会社の組織のうち、鉄道の運行をつかさどる部門が鉄道本部です。ここは**計画管理部**、**安全推進部**、**運輸部**、**電気部**、**工務部**、**車両部**で構成されています。安全推進部という独立した部があるところに、企業として安全を重視している姿勢がうかがわれます。

　ほかに各業務を円滑に進められるよう、**管理部**、**広報部**、**人事部**、**管財部**などがあるほか、法令などに正しく適合すべく重要な役割を担う**コンプライアンス部**と**監査部**もあります。

　これらに加え、各分野で活躍する協力会社の人々の支えもあり、西武鉄道では1日平均170万人以上もの輸送が実現されています。

　日々の列車の利用ではあまり実感しないかも知れませんが、このように鉄道はとてもスケールの大きな事業なのです。

> **用語解説**
>
> **協力会社**
> 鉄道を運営するためには、膨大な作業が必要で、従業員の職種もさまざまです。そのすべてを自社でやると組織が大きくなりすぎ、管理に支障をきたし、業務効率やコストの面でも不利になるケースが出てきます。そこで、専門性の高い業務は、それを得意とする協力会社が担当しています。

車両基地
検車係…車両を整備し、安全な状態に保つ。

鉄道会社本社
運行に欠かせないダイヤグラムの作成などをしている。

工務区
保線係…軌道の点検・保守などを行なう。
電気・信通係…架線・信号機などの点検や保守を行なう。

列車と人をつなぐ
車掌の役割と仕事

さまざまな業務を遂行

　車掌は列車の一番後ろに乗るため、どちらかというと地味なイメージを持たれがちです。しかし、その役割と責任は極めて重要で、**列車運行における最大のキーパーソン**といっても過言ではありません。駅に到着したときは、まず**停止位置が正しいことを確認**してから、ドアを開けます。そして、乗降の状況を監視しながら、発車時刻になるとドアを閉めます。**ドアを開閉するスイッチは、車掌が操作します**。また、ドアを閉める前に流れるメロディーやブザーも、ホームにあるスイッチを車掌が操作することで作動します。

　ドアが全部閉まり、ホーム上の乗客が車両から離れたことを確認すると、運転士に発車OKであることを知らせます。車掌が専用のスイッチを押すと、運転室で合図の音が鳴るのですが、これが行なわれないと運転士は列車を発車させることができません。

異常時の対応も重要

　車掌の仕事の一つに、**乗客への案内放送**があります。これも、どのタイミングでどんな内容を放送するのか、よく吟味されています。近年は他社との相互直通運転があり、**行先や停車駅などの情報**を乗客に伝えなければなりません。また、**携帯電話マナーの啓蒙**も、時代の流れとともに必要になりました。運行中の列車において、**乗客とコミュニケーションを取ることができる唯一の人**が、車掌なのです。

　業務の難易度がより高くなるのが、**異常発生時**です。車内での急病人発生の際は速やかに救護するとともに、駅係員に引き継いで列車の遅延を最小にします。ダイヤが乱れたときは運転司令（P.188参照）から無線で連絡を受け、必要な対応を取るとともに、乗客への案内放送もしなければなりません。

POINT
車掌になるには？
西武鉄道の運輸部門に入社した社員は、まず駅の営業係を務めます。そこで業務経験を積んだうえで登用試験を受けて合格すると、車掌という職種に就くことができます。

豆知識
特急の車内改札
西武鉄道の特急では、かつて車掌が乗客一人ひとりの切符を見て回る、車内改札が行なわれていました。しかし、現在はIT技術が進歩し、どの座席の切符が販売済みなのかは、車掌が持っている端末で確認できます。そのため、切符が未発売の座席にいる乗客には声をかけますが、全員に対する検札は行なわれていません。

車掌の仕事

車内への案内放送やドア開閉スイッチの操作なども重要な業務。

運転士とともに安全を確認し合い、運行をサポートします。

乗務員室

乗務員室にはドア開閉のスイッチや、車内放送に使われるマイクなどがあります。

 Mini Column

発車前の確認ポイント

駅から発車する際、車掌はすべてのドアが閉まっていることを確認しなければなりませんが、長い編成の全部のドアを見ることは困難です。そのため、各車両の側面に「車側灯」という赤いライトが付いています。その車両のドアが全部閉まると消灯し、ドアが一つでも開いていると点灯します。これを見て、すべてのドアが閉まっているのかを確認しています。

第6章 運行のしくみ

運転士の仕事
安全かつ正確な時刻での運行が使命

欠かせない各種の確認

運転士の役割は、**列車の運転操作**を行なうことです。線路の上を走る列車には、自動車のようなハンドル操作はありません。**発進**、**加速**、**減速**、**停止**の操作をするのが基本です。こう書くと簡単に思えるかも知れませんが、実際は**非常に高度なスキル**が求められます。カーブやポイントなどでの速度制限を確実に守りながら、決められた時刻通りに運行しなければならないのです。もちろん、線路内に障害物がないかを常に確認するとともに、信号の確認も怠ることはできません。

また、駅では停止位置に正しく止まることも大切です。西武鉄道ではホームドアの導入が進められていますが、これがあるとより高い精度で停止位置を守る必要があります。

さまざまな種類の列車を運転

西武鉄道にはさまざまな形式の列車があります。新しい形式が導入されると、従来と**運転操作方法や性能に違い**があるので、乗務員に対する訓練が行なわれます。**相互直通運転で乗り入れてくる他社の車両**についても、同様に訓練が行なわれなければ、営業列車の運転をすることはできません。運転士はそれぞれの形式の特性を十分に把握したうえで、日々の業務に就いているのです。

また、西武有楽町線には**ATC**（**自動列車制御装置**）が導入されており、運転方法がほかの路線と違います。一例としては信号が地上ではなく、運転台に表示されるので、それを常に確認しなければいけません。もう一つ重要なポイントは、西武鉄道には特急から各駅停車まで、多くの列車種別があることです。種別によって停車駅が異なるほか、行先も多岐にわたるので、運転には細心の注意が必要です。

POINT
相互直通運転の開始準備
新たな相互直通運転開始の際は、事前に乗り入れ相手の車両が西武鉄道の路線に持ち込まれ、乗務員訓練のための運転が行なわれます。

豆知識
停止位置に正しく止まること
駅での停車の際に停止位置を過ぎてしまうと、ホームを外れた先頭車に乗車できません。また、その先にある踏切が早く閉じてしまって、周囲の道路交通にも影響が生じることがあります。

運転士の仕事

踏切などを含め、前方に細心の注意を払いながら安全で快適な運転を行ないます。

列車を出庫する際は運転士と車掌で、車両点検を入念に行ないます。

運転台

乗務する車両によってハンドルの形が多種多様に異なる運転台。

 Mini Column

運転士になるまで

西武鉄道の運輸部門に配属された社員は、まず駅で営業係の業務を経験した後、試験を受けて車掌になります。これが列車に乗務する最初の仕事です。車掌の業務を経験したうえで運転士登用試験を受け、それに合格すると運転士になることができます。ここに至るまで、さまざまな教育や研修を受け、知識と技術を習得します。

第6章　運行のしくみ

西武鉄道の列車運行の管制塔
司令の役割としくみ

5つの組織からなる司令

　西武鉄道では1日に3000本の列車が走っています。これらの列車を**定刻通り安全に運行する**ため、全路線を一元で管理するのが司令です。西武鉄道では、5つの司令によって日々の運行が支えられています。

　運転司令では、列車の運行管理やトラブルや災害への対応を行ないます。**電気司令**では、34カ所ある変電所を遠隔操作するとともに、信号、踏切、駅の照明などの電気設備を監視します。**施設司令**には線路、各種建造物や保安設備の管理と、工事や作業の状況を把握する役割があります。車両を管理し、トラブル発生時に点検要領などを乗務員に伝える業務を担当するのが、**車両司令**です。利用者にとって身近なのは、**情報司令**です。運行に異常が発生した際、情報収集や他社との連絡を取り、利用者へ案内情報を発信します。駅や車内に表示される列車運行情報は、情報司令のシステムとつながっています。また、特急が運休した際は、特急券の発券を停止する処理も行ないます。

重要な運転司令の業務

　運転司令は、司令の中でも非常に重要な組織です。列車を**時刻通り安全に走らせる**とともに、何らかのトラブルが発生した際には適切な対応を取り、**速やかに正常な運行に復旧させる**という役割を担っています。

　運転司令には、**池袋線系統**と**新宿線系統**、それぞれの**運行管理システム**があります。運転司令にある大きなモニタースクリーンには、全線にわたる線路の配置が描かれています。そして、走行中および停車中の列車の位置、信号の色が**リアルタイムに表示**されています。モニターに向かって座る司令員は、各列車の乗務員や駅と無線や電話で交信し、現場の状況を聞いたり情報や指示を伝えたりすることができます。

POINT
相互直通運転の監視
運転司令には西武鉄道と相互直通運転をしている路線の運行状況を表示するモニターもあり、遅延状況が常に監視されています。

豆知識
SEMTRAC
西武鉄道の運行管理システムはSEMTRAC(セムトラック／Seibu Multiple Traffic Controlの略)といい、池袋線系統用は2005年、新宿線系統用は2006年に更新されました。

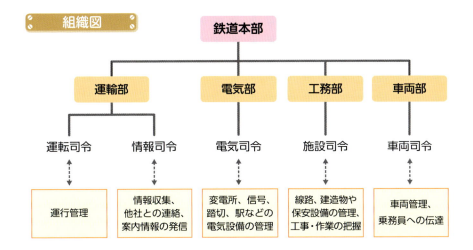

組織図

- 鉄道本部
  - 運輸部
    - 運転司令 → 運行管理
    - 情報司令 → 情報収集、他社との連絡、案内情報の発信
  - 電気部
    - 電気司令 → 変電所、信号、踏切、駅などの電気設備の管理
  - 工務部
    - 施設司令 → 線路、建造物や保安設備の管理、工事・作業の把握
  - 車両部
    - 車両司令 → 車両管理、乗務員への伝達

 Mini Column

運行管理システム
西武鉄道の運行管理システムには、池袋線系統(池袋線、西武有楽町線、豊島線、西武秩父線、狭山線)と新宿線系統(新宿線、西武園線、拝島線、国分寺線、多摩湖線)のものがあり、信号、自動案内放送、列車案内表示器も制御しています。また、2つの運行管理システムは独立しているので、万一片方が故障しても、もう片方は影響を受けません。

第6章 運行のしくみ

司令所の全景。同じフロア内に5つの司令があり、情報連携しやすくなっています。

スムーズな列車運行の実現

　通常は、あらかじめ設定されたダイヤにしたがって列車が走り、ポイントや信号も自動で切り替わります。これが滞りなく行なわれるようにするため、ダイヤ作成時には**乗客の利用需要に合わせた列車の本数や運転区間**が検討されています。また、**使用する車両の数、駅や車両基地**、そして**電留線の容量**などにも十分配慮しなければなりません。優れたダイヤ設定がなされているおかげで、運転司令員の日々の業務もスムーズになるというわけです。

　運転司令では、相互直通運転を行なう列車はもちろんのこと、**近郊の鉄道路線状況についても最新の情報が得られる**ようになっています。司令員はこれらのどこかで何か異常が起こっていないか、常に緊張感を持って監視しているのです。

経験に培われた異常発生時の対応能力

　列車の運行では、さまざまな要因で遅れが生じます。西武鉄道では、運行の支障により**列車が3分以上停止することが年間2800件**ほどあります。原因は急病人発生、非常ボタンの作動、人身事故などさまざまです。

　そのようなときが、運転司令の力が発揮される場面です。西武鉄道では、あらかじめ事故などで運行に支障が生じた場面を想定し、支障の発生地点や時間帯に応じて、**緊急の折り返し運転による対応ダイヤ**や、それを**平常時のダイヤに戻す流れ**など、いくつものパターンが用意されています。運転司令は、最適なパターンを最適なタイミングで実施するのです。この領域の業務は、経験を積んだ司令員でないとできません。司令を1人でこなせるようになるまで、5年はかかるそうです。人材教育が欠かせないため、司令所内には**運転司令用のシミュレーター**もあります。

　また、西武鉄道ならではの対応として、**西武ドームでの野球の試合やイベント時の帰宅客輸送**があります。これも、終了時刻に合わせた臨時列車の運転パターンがあらかじめ設定されているため、事前に終了時刻が分からないケースでも、円滑な輸送が可能なのです。

POINT
レールの温度管理

施設司令にあるシステムの一つ、レール温度管理システムでは、線路の要所に設けたセンサーでレールの温度と気温のモニターおよび記録をしています。

豆知識
西武ドーム

西武球場での野球の観客の帰宅輸送では、試合終了時刻を15分ごとに区切った3パターンのダイヤが設定されており、最大4本の臨時列車が運転されます。

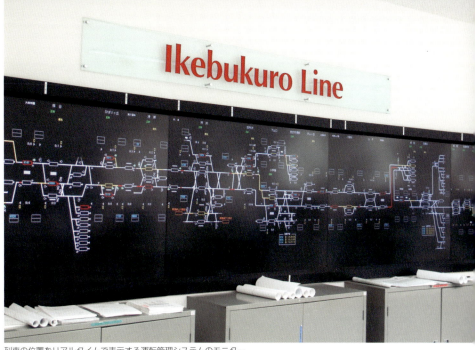

列車の位置をリアルタイムで表示する運転管理システムのモニター。

駅現場の状況を映すモニター。

運転司令のシミュレーター。

 Mini Column

気象や地震の情報

西武鉄道では線路沿いに雨量計、風力計、地震計を自社で設置しています。それぞれが測定したデータは運転司令でリアルタイムにモニターすることができます。また、地震計が震度4以上を感知すると緊急停止を指示する防護無線が、運行中の全列車に対し発信されます。

第6章 運行のしくみ

電気施設現場の状況を見るモニター。

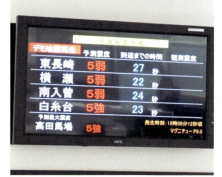

モニターに映し出された地震計のデモ表示。

鉄道というシステムの要
線路のしくみと保線

自動化が進む保線作業

　線路の状態は、毎日の列車運行により変化します。そのため、安全な運行には、位置や寸法、損傷有無のチェックや改修を行なう保線の業務が欠かせません。

　保線作業では、レールの位置をミリ単位の精度で管理する必要があります。また、日常のダイヤを乱さぬよう、通常は**深夜に実施**されます。深夜の作業は、照明を用意しているとはいえ昼間の作業より効率が悪く、作業員の疲労も大きくなります。

　このため、JRや大手私鉄では**保線作業の機械化**が進められています。機械化により、**作業時間の短縮**、**作業員の省力化**、**危険な作業の回避**などが可能になりました。

　また、保線作業は騒音・振動などを伴い、人件費も高くなります。ちなみに、JR東日本では沿線住民への配慮などから、日中に列車を運休し、集中工事を行なうこともあります。

自動化が進む保線作業

　西武鉄道では、1967年から保線作業の機械化が進められました。

　西武鉄道で使用されている保線機械には、道床の突き固めやレールの高低のずれ、歪みを補正する**マルチプルタイタンパー**、道床の交換作業には**バラストクリーナー**、線路の状態をチェックするための**総合検測車**、砂利、砕石の運搬を行なう**砕石運搬車**、各種機器や資材を運ぶ**軌道モーターカー**、超音波でレールの傷を見つける**レール探傷車**、などがあります。なかでも総合試験車は、これまで個別に行なっていた軌道の検測を1台で同時に実行することができる機械です。

POINT
西武鉄道の線路

西武鉄道の線路の軌間は、山口線を除いてすべて1067mmです。レールは太いほど強度があり、列車の安定した走行に寄与します。西武鉄道の本線では、1m当たりの重量が50kgまたは60kgのレールが使用されています。

用語解説
道床と路盤

線路で枕木を支える砂利の部分を道床、その下の土台に相当する部分を路盤といいます。これらが適切にメンテナンスされていないと、レールや枕木が正しい位置になりません。

豆知識
「車両」と「機械」の違い

「車両」とは国へ届け出て鉄道会社に現役の車両として籍があるものを指します。マルチプルタイタンパーは線路の上を自走できますが、車籍がないため「機械」扱いになります。

軌道の構造

軌道はレール、枕木、道床、路盤で構成されています。2本のレールを乗せる道床には、走行する列車の振動を路盤に吸収・分散させ、乗り心地をよくする砂利・砕石（バラスト）が敷かれています。レールは枕木によってバラストに固定されています。

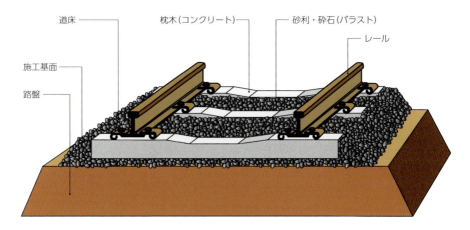

主な保線機器

マルチプルタイタンパー

バラストクリーナー

総合検測車

砕石運搬車

軌道モーターカー

レール探傷車

 Mini Column

総合検測車

保線作業に使う機械のうち総合検測車には、レールの位置の狂い、隙間、ホームとの位置関係などを走行しながら測定する機能があります。ボギー台車と車体を持ち、スタイルは鉄道車両に近いですが、車両としての籍はなく、分類上は保線用の機械です。愛称は「ドクター・マルチ」、検測作業時の最高速度は45km/hです。

5社の列車が行き交う
直通運転の連携のしくみ

会社間でのバトンタッチ

　西武鉄道では池袋線から**西武有楽町線**を経由し、小竹向原駅から**東京メトロの有楽町線**と**副都心線**への直通運転が行なわれています。そして、副都心線は渋谷駅から**東急東横線**、その先で横浜から**横浜高速鉄道みなとみらい線**に直通。さらに、東武東上線も**東京メトロの有楽町線**、**副都心線**、**東横線**、**みなとみらい線**に直通しており、運行系統は全国屈指の複雑さです。

　相互直通運転では車両が他社線に乗り入れますが、**乗務員は会社間の境の駅で交代する**のが基本です。限られた停車時間に、2社の乗務員の間で連絡事項があれば伝え、新たに乗り込んだ乗務員が準備を済ませるという、早業をこなしています。乗り入れ先で列車種別が変わるケースもあり、車掌による発車前の案内放送も欠かせません。

共通規格化された車両

　相互直通運転に際し、各社では**車両の仕様を共通化**しています。具体的には**車両の長さ**や**ドアの数**などをそろえ、乗り入れ先の路線に対応した**保安装置**を搭載しています。西武鉄道では相互直通運転用に用意された10両編成の車両が、通常の営業運転で東京メトロ有楽町線、副都心線、東横線、みなとみらい線に乗り入れています。また、東京メトロ有楽町線の小竹向原〜和光市間も西武鉄道の車両が走ります。

　自社の路線を運行中のときと比べ、**他社の路線を運行中の車両に故障などのトラブルがある**と、対応が難しくなります。車両を保有する鉄道会社と連絡を取って応急処置をするのですが、それでも解決しない場合は、技術者を呼ぶという対応が必要になります。そのような事態をなるべく起こさないよう、日ごろから各社で車両を入念にメンテナンスしているのです。

用語解説
相互直通運転
日本民営鉄道協会では、相互直通運転を「都心や副都心への旅客輸送需要に応えるため、複数の鉄道会社間で相互に相手の路線に列車を直通運転すること」と定義されています。

豆知識
みなとみらい線の運行
横浜高速鉄道みなとみらい線の運行は東急電鉄に委託されているので、東急電鉄の乗務員がみなとみらい線の運行も行ないます。運行に限って見ると、この2つの路線は実質的に一体です。

相互直通運転のため、西武鉄道の列車と他社の列車が同じホームに並ぶこともあります（練馬駅）。

5社相互乗り入れ

 Mini Column

相互直通運転の際の車両運用方法

相互直通運転を実施する際、各社の車両がどの範囲で運転できるのかが定められています。東京メトロの有楽町線、副都心線を含む5社の相互直通運転で、東急電鉄と横浜高速鉄道の車両は通常の営業運転で東京メトロ有楽町線小竹向原〜新木場間に乗り入れることはありません。しかし、異常時はこの区間で東急電鉄の10両編成が営業運転し、東急電鉄と横浜高速鉄道の8両編成が回送運転をすることが可能です。

第7章 安全・安心のしくみ

西武鉄道が最も注力していることの一つが安心・安全な運行システムの構築です。軌道の強化・保守や電力・通信設備の補強、防災システムの管理など、安全管理体制の強化が図られています。

鉄道輸送で最優先される使命
安全への取り組み

西武鉄道が掲げる方針やスローガン

安全方針
地域・社会の発展や環境の保全に貢献し、安全で安定した輸送と快適なサービスを提供すべく、誠実に事業に取り組みます。

Ⅰ 常に一人ひとりが安全最優先意識を持って、事業・サービスを推進します。
Ⅱ 常に法令・規則を守り、誠実に職務を遂行します。
Ⅲ 常にコミュニケーションを図り、風通しの良い職場環境を構築します。
Ⅳ 常に安全管理体制をチェックし、その向上に努めます。

安全スローガン
責任事故・インシデント「0（ゼロ）」

2016年度 安全重点施策
(1) 設備面の安全対策の継続的な推進
　・駅舎や橋梁における耐震補強の推進
　・ホームにおける安全対策の推進
　・走行中の列車の安全性向上
　・連続立体交差事業の推進による踏切道の除去
(2) ルールの遵守と危機管理意識の向上
　・「安全最優先意識」の徹底
　・他部門や他社の事故を「他山の石」とする事故防止教育
　・「危機管理意識」を持った職務の遂行
　・PDCAサイクルを回すしくみの深度化

安全最優先の高い意識と基本方針

　鉄道会社が常に最優先させていることは「安全」です。鉄道会社の全社員が一丸となり、日々、安全確保に努めているからこそ、私たちは安心して快適に鉄道を利用できるのです。

　西武鉄道では、安全に関する基本方針として4カ条からなる「**安全方針**」並びに『**責任事故・インシデント「0（ゼロ）」**』の「**安全スローガン**」を制定し、全社員への周知、徹底が図られています。

　また『**ホームにおける安全対策の推進**』『**ヒューマンエラーの撲滅**』『**安全最優先意識の徹底**』など、年度ごとにも**安全重点施策**が定められています。これらにより、社員の安全に対する意識がより高まるのは言うまでもなく、事故を未然に防ぐ点でも大いに役立っています。安全に対する取り組みには、絶え間ない努力と進歩が必要なのです。

用語解説
インシデント（鉄道）
鉄道事業法第19条の2では「列車又は車両の運転中における事故が発生するおそれがあると認められる国土交通省令で定める事態が発生したと認めたとき」とされ発生報告が義務付けられており、この事態を重大インシデントと呼んでいます。航空ではニアミスなどがこれに該当します。

さまざまな取り組み

社長や安全統括管理者など経営層が現業職場への巡視を実施、安全管理状況の確認や意見交換が行なわれます。

運輸安全推進委員会や鉄道安全幹事会を月1回開催し、安全にかかわるさまざまな事項が審議されています。

安全方針や行動規範を書いたカードを、全社員が常に携帯。点呼時などに唱和が行なわれています。

 Mini Column

運転無事故事業者表彰の受賞

西武鉄道では、グループビジョンに掲げられている「常に、"安全"を基本にすべての事業・サービスを推進します」という理念のもと、輸送の安全確保が最大の使命とされています。利用客に「安全・安心」を提供するべく安全最優先の企業風土を醸成するとともに、各種安全投資や各種訓練の実施、事故の芽情報による事故の未然防止など、ハード・ソフト両面において継続的に安全対策が行なわれています。それらは高く評価され、2014年度には前年度に続き、2年継続で運転無事故事業者表彰を受賞しました。

徹底された安全のための対策

西武鉄道では、2006年に改正された鉄道事業法に基づき、社長をトップとし、安全統括管理者、運転、車両、施設、人事など各管理者を選任し安全管理体制を構築した「**安全管理規定**」が制定、運用されています。また、2004年4月からは組織改正が行なわれ、さらなる安全管理体制の強化が図られています。

安全管理の方法には、「**社長・安全管理者などによる積極的なコミュニケーション**」「**安全方針カードの作成と唱和**」「**安全に関する会議の開催**」「**鉄道安全監査などの実施および見直し**」「**グループ会社との連携**」「**事故の芽情報の収集・活用**」と、さまざまな計画的な取り組みや見直しが行なわれ、安全性の向上が図られています。また、安全確保のため、線路、駅、踏切など多くの設備の安全対策、事故防止策が推進され、輸送の安全が守られています。

豆知識

冬期の電力保守

冬期は関東南部でも降雪による列車遅延が起きやすくなります。多くは線路のポイントが凍結する、パンタグラフに着雪し、重みで架線から離れるなどが原因とされています。

軌道の強化と保守

安全・安定運行は車両のみにあらず

ロングレール化で騒音・振動を低減

軌道には、列車の**安全・安定運行を支える**役割があります。線路を含めた軌道の善し悪しは、列車の乗り心地だけでなく、安全運行に直接結びつきます。くねくね曲がったレールでは高速・安定走行は望めないばかりか、最悪の場合、脱線してしまいます。また、レールそのものが貧弱ならば、満員の乗客を乗せた長大列車を運行することはできません。軌道の強化と保守は鉄道事業にとって重要なことです。

鉄製のレールは寒暖によって伸び縮みします。このため、あらかじめ継ぎ目部分は間隔を開けていますが、これが乗り心地を悪化させる要因になります。これを解決するため、**ロングレール化**が進められています。継ぎ目を少なくすることにより、列車の**振動・騒音が低減**され、**乗り心地の向上**とともに**沿線環境の改善**、

用語解説

軌道
列車が通る道のこと。車両の走行を誘導する軌条(レール)、レール間隔を一定に保つ枕木、レールや枕木を支え、車両の重量を路盤に吸収させる道床などから構成されています。

ロングレール
レールの長さは20〜25mが標準です。軌道へ敷くときに継ぎ目を溶接して、1本当たり200m以上になったものをロングレールといいます。ロングレールの両端には伸縮継ぎ目が敷設されます。

西武鉄道で進められる軌道のロングレール化。

保守作業の省力化にもつながります。

省力化軌道の導入を進める

騒音・振動に効果が高いものとして、**ラダー枕木**の導入があります。特殊な鋼管で枕木を線路方向に連結したもので、はしご（Ladder）に似ていることから、こう呼ばれます。保守作業量は従来の枕木に比べて5分の1以下です。西武鉄道では**新宿線野方〜都立家政間、小平〜久米川間、保谷駅構内**で導入されています。

線路の保守作業において、道床の交換、突き固めは大きなウエートを占めます。そのため保線機器が導入され、人の手がかからない自動化が進められています。西武鉄道では、さらに「**省力化軌道**」の導入も行なわれています。これには道床の代わりにコンクリート製の路盤を置く「**スラブ軌道**」が一般的です。レールそのものを太くて強度のあるものにする方法もあります。通常、レールは幹線・支線で使い分けられ、列車本数が多い幹線では重いものが使用されます。西武鉄道では支線のレールを本線と同じ**50Nレール**のものへの交換を進め、軌道の強化が図られています。

用語解説
枕木
レールを道床に固定するもので、基本は2本のレールを渡すように敷設されています。初期は木製でしたが、より強化されたコンクリート製のPC枕木が増えています。

豆知識
西武鉄道のロングレール化
西武鉄道は山口線・安比奈線を除く332.3kmのうち、急曲線などを除く236.2kmをロングレール化することが可能です。2014年現在で97%に当たる230.2kmがすでにロングレール化されています。

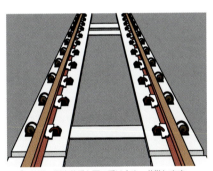
ラダー軌道。列車荷重を面で受け止め、分散します。

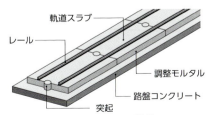
保守の省力化のため導入されたスラブ軌道。

Mini Column

スラブ軌道のメリットとデメリット
バラスト（砂利）の軌道は列車の通過によって軌道狂いが発生しやすく、定期的な保守が必要です。スラブ軌道はコンクリート路盤の上に調整モルタルを敷き、さらにコンクリート製の軌道スラブを置いて直接レールを固定します。これによりレールの通り狂いがなくなり、保守の省力化が図れます。また、雪国では車両に付着した氷が溶けて落下し、バラストを跳ね上げて窓ガラスなどを割る事故が発生しますが、スラブ軌道ではそれがありません。
その反面、道床なら吸収できた走行音がダイレクトに列車へ伝わるため、騒音が大きくなります。さらにバラスト軌道より設置費用が高いというデメリットもあります。軌道スラブの下にゴム板を挟んだ防振スラブ軌道が開発されましたが、最近は採用される機会が少ないようです。

列車のエネルギーを守る
電力・通信設備の保守と管理

列車に電力を供給する架線。玉川上水車両基地にて。

電気の安定は列車運行の必須条件

　西武鉄道では、電力会社から送られてくる電気を交流66kV、22kVで受電し、**34カ所の変電所で鉄道用の電力に変換**しています。交流から直流に変換する**整流装置は58台**、**総出力は21万7500kW**です（2014年度）。このうち、列車の運行に使用する「**運転用電力**」は直流1500V（山口線は750V）で**全消費量の約85％**、駅施設や信号・通信に使用する「**付帯用電力**」は交流6600Vで**約15％**に分けられます。

　電力を安定的に供給するためには保守管理が必要です。西武鉄道では、駅構内に**地上変電設備**を設置し、駅間に点在していた柱上変圧器がまとめられました。また、池袋線練馬～練馬高野台間にき電線と吊架線が一体となった**き電吊架式架線**が導入されました。景観にも優れ、軌陸車から列車線とともに作業ができることから、保守効率が高まりました。

用語解説

架線とき電線

架線とは、列車に電力を供給する送電線のことです。架線は電気が流れパンタグラフと接するトロリ線と、それを吊っている絶縁された吊架線などで構成されています。き電線とは、架線に電力を供給する電線のことで、架線と並行して設置されます。

軌陸車

軌道と道路の両方を走行できる車両のことです。ゴムタイヤを履いた普通の自動車に見えますが、車輪の脇に設置された軌道走行用の鉄車輪を使って、軌道上を走行します。軌道から道路へ（あるいはその逆）の転換は踏切で行なわれることが多いようです。

鉄道車両や施設へ電力を供給する変電所。

き電線と吊架線が一体となってすっきりしたき電吊架式架線。

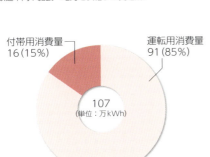

付帯用消費量 16（15%）
運転用消費量 91（85%）
107（単位：万kWh）

1日平均の電力消費量（2014年度）。

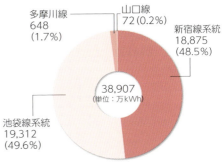

多摩川線 648（1.7%）
山口線 72（0.2%）
新宿線系統 18,875（48.5%）
池袋線系統 19,312（49.6%）
38,907（単位：万kWh）

年間電力消費量の路線別内訳（2014年度）。

変電所などに監視カメラを設置

　西武秩父線は雷害・降雪の被害を受けやすい山岳地域に延びています。このため、送電設備には耐雷対策として架空地線と避雷器が設置されています。また、架空高圧配電線には雪害対策として着雪防止用のひれ付き難着雪形電線が設置されています。西武鉄道の沿線には**無人変電所**もあり、管理カメラが設置されて構内や機器を電力司令および保守区が管理しています。

　西武鉄道では、これらを集中管理し電力の安定供給を図るため、**電力管理システム**が導入されています。これは、変電所の主配電盤を遠方監視制御装置を介して電力司令と接続し、変電所機器・電力設備の制御・監視を行なうシステムです。電力司令は運転司令と密接に連絡を取り、トラブルなどの影響を最小限にとどめます。これにより、故障発生時の復旧支援や履歴帳票の自動作成、司令業務の省力化が図られます。

> **豆知識**
> **冬期の電力保守**
> 冬期は関東南部でも降雪による列車遅延が起きやすくなります。多くは線路のポイントが凍結する、パンタグラフに着雪し、重みで架線から離れるなどが原因とされています。

ヒューマンエラーをカバーする
信号保安設備で安全を補強

「万が一」に備えたさまざま装置

　ラッシュ時に約3分間隔で列車が走る都会では、1分の遅れが次の遅れを引き起こし、ダイヤ乱れの原因になります。これを回避し、**安全・定時運行を支えるのが信号保安設備**です。

　初期に比べ、運行本数が多くなり、かつ高速化した現在では**自動列車停止装置**（ATS）、**自動列車制御装置**（ATC）、**列車集中制御装置**（CTC）などで安全が確保されています。

　ATSは運転士が信号を見落とし、速度を落とさず駅に進入した場合に、列車を止める装置です。西武鉄道では多摩川線・山口線を除く全線に導入されています。

　ATCは先行列車の位置、進行方向の条件に応じて列車速度を自動的に制御します。これは西武有楽町線に導入されています。CTCは列車情報を司令所で集中的に管理するもので、多摩川線に導入されています。

より信頼性の高い輸送へ

　西武鉄道の運行管理システム「**SEMTRAC**（セムトラック）」は、1992年から多摩川線と山口線を除く全線に導入されました。2005年には、信頼性の向上を目的に**システムの更新**とともに**旅客サービスの向上**が、駅員の作業軽減を目的に、**映像監視装置、指令通告、自動始業点検の導入**が行なわれました。

　SEMTRACは、運転司令に池袋線系と新宿線系の中央制御装置を、主要駅に駅制御装置を設置した「ハイブリッド駅分散構成」とされています。中央制御装置は基本ダイヤの管理、運転整理など、駅制御装置は、列車の進路制御など各駅にかかわるものを制御します。万一、中央制御装置が故障しても、駅に関しては駅制御装置だけで自動制御を継続することができます。

用語解説

運転整理
列車運行に遅れが生じた際、早期に乱れを解消し列車の遅れを取り戻すために、臨時の車両交換や回送列車の運転、編成の変更などが行なわれます。

SEMTRAC
SEIBU MULTIPLE TRAFFIC CONTROLの略。コンピュータ制御により運転司令業務の迅速性や確実性、高品質化などを確保するための運行管理システムのこと。

豆知識

ハイブリッド駅分散構成
路線・ダイヤ・駅の特性、異常時の対応などを考慮して、駅制御装置は列車運転回数が多い区間は各駅に、閑散区間は主要駅に設置されています。

POINT

駅制御装置から中央制御装置に伝送される情報
駅制御装置は列車の在線・故障情報、設備の動作記録、降水量・風速など沿線の気象情報を、中央制御装置に伝送しています。これらの情報は各駅・電力区・車両などでも閲覧できます。

運転司令にあるSEMTRACの設備。

運転士がいない列車

列車の自動運転は、東京都交通局日暮里・舎人ライナー、ゆりかもめなど、新交通システムを中心にすでに実用化されています。運転台がないため、最前列は展望席になっている車両もあります。しかし、無人運転が可能なのは高架線や地下線など、外部からの侵入がない路線に限られています。名古屋市営地下鉄桜通線のように、自動列車運転装置（ATO）によってボタンを押すだけで発車するシステムも確立されています。運転士が乗車すれば利用者が安心することもあり、無人運転が可能でも先頭車に運転士が乗務する路線も多くあります。

自動列車装置（ATS）のしくみ

自動列車停止装置（ATS）は、車上装置と地上装置が双方向の通信を行なうことでATSパターンを構築し、列車と信号機までの距離に応じた速度制限を行なっています。

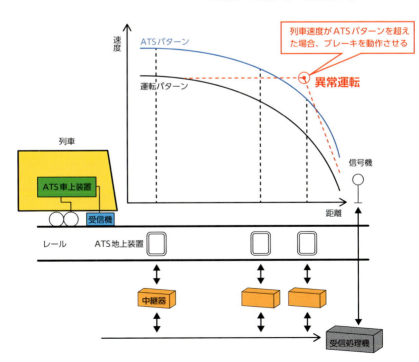

第7章 安全・安心のしくみ

営業の最前線で利用者の安全を守る
駅の安全対策と非常停止のしくみ

ホーム上の安全を守る対策

駅は、鉄道の**利用者が鉄道事業者と直接向き合う**重要な施設です。利用者の安全と運行ダイヤを守ることは、鉄道事業にとって重要な課題です。西武鉄道では次のような施策が取られています。

ホームでは、利用者の転落を防止するため、列車が近付くと、線路脇に設置した**黄色回転灯が点灯**し警報音を鳴らす**列車進入警報装置**が導入されています。また、近年は列車が長編成化し、先頭部分や湾曲したホームでの乗り降りは、最後部にいる車掌からよく見えません。補助手段として、乗降時の死角をなくす**ホーム監視用テレビが80駅**に設けられています。

そのほか、高田馬場駅に一部開閉可能な**ホーム柵**を、また2014年度には、池袋駅から**ホームドア**の設置が進められています。

用語解説
ホームドア
線路に面するホーム部分に設置される仕切りで、線路への転落防止、列車との接触防止を目的とします。ただし、開口部が固定されているため、列車の停止位置がずれると遅延につながります。

ホームで安全のためのアナウンスを行なう駅員。

池袋駅に設置されているホームドア。

Mini Column
車内における異常対策
ホームだけでなく、車内での異常も列車遅延の原因になります。そのため、西武鉄道では車内での異常発生を知らせる「車内非常通報装置」が1両に付き2〜3カ所設置されています。一部の車両では直接乗務員との通話も可能です。装置の位置が乗客に分かるよう、周囲に「SOS」をデザインした赤地に白抜きの目立つステッカーが添付されています。

非常通報発令時は、まず列車を止める

現在は**ホームドア**の設置も過渡期で、未設置の駅もあります。このため、75駅179ホームの下に**オレンジ色のマーキングを施した避難場所**が設けられています。

ほかにも、駅ごとに対策が取られています。萩山駅のホームでは、列車が近づくとホームに設置した**足元注意喚起灯**が点滅します。さらに大泉学園駅など9駅には**音声転落防止装置**が設置されています。稲荷山公園駅のホームは曲線で、列車との隙間が広くなることから、ホームの壁面の一部に、くし形状のゴムが設置されています。これにより、すき間を埋めて転落を防止しています。

それでも、ホーム上で利用者や列車の運行に危険が迫る場合があります。これに対しては**列車非常通報装置**が設けられています。非常通報ボタンが押されるとランプが点滅し、ブザーが鳴ります。同時に防護無線が近くを走行中の列車に知らせ、非常灯が交互に点滅して警報音が鳴動、列車を緊急停止させます。この装置は2008年までに小竹向原駅を除く全駅に設置されました。

POINT
ホーム下の避難所

日本の鉄道ホームは、ほとんどの場合、軌道面より高い位置にあります。その高低差は約1mで、転落してしまうと容易には上がることができません。安全を確保するためにもホーム下の避難所は必要なのです。

豆知識
列車非常通報装置が設置されない小竹向原駅

小竹向原駅は池袋線と東京メトロ有楽町線・副都心線の接続駅です。西武鉄道の旅客案内に同駅は掲載されていますが、東京メトロが管理する駅なので、西武鉄道式の列車非常通報装置などは設置されていません。

非常通報ボタン。

足元注意喚起灯。

非常灯。

列車進入警報装置。

ホーム下避難場所。

第7章 安全・安心のしくみ

意外と危険が潜んでいる
踏切の安全対策とは

踏切事故を防ぐためには

列車と自動車の衝突事故が多いのは踏切です。踏切事故の防止には、**立体交差化して踏切をなくしてしまうのが最もよい方法**です。西武鉄道には**341カ所の踏切**があります。これらを除去していく方針で西武鉄道は動いていますが、実現するには費用と時間、工事に対する沿線住民の理解が必要なため簡単ではありません。

踏切には、異常を司令所に知らせ危険を察知する装置が備え付けられています。**踏切警報装置**には、警報音発生器のスピーカー、踏切警標、閃光灯、警報柱、折損防止器、踏切動作反応灯、そして複線区間には列車方向灯が備わっています。また、**踏切支障報知装置**は踏切の異常を運転士に知らせる装置です。踏切に備えられている非常ボタンを押すことにより、**特殊信号**

POINT
支障報知装置はATSと連動
踏切支障報知装置は1980年から設置され始め、現在では341カ所すべての踏切に設置されています。一部の踏切ではATSと連動し、非常ボタンが押された場合に停止信号が車両へ伝達します。

用語解説
特殊信号発光機
五角形に配置された5つの赤色灯が、2灯ずつ循環点灯する特殊な信号発光機です。遠くからでもよく見え、安全に威力を発揮します。

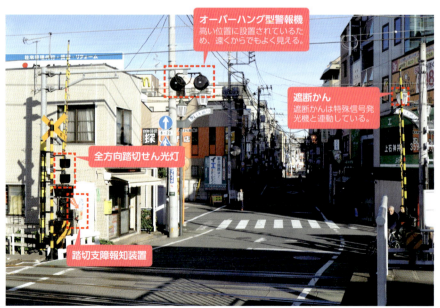

上石神井駅の踏切。

発光機が光り、接近してくる列車に踏切の異常を知らせます。**踏切支障検知装置**は、列車の接近中に踏切上へレーザー光線網を照射し、支障物があると特殊信号発光機を発光させ列車に異常を知らせます。これは234カ所に設置されています。

踏切遮断時間を均一化する技術

踏切を通過する列車は単一種別ではありません。西武鉄道では**池袋線系で特急を含め8種類**、**新宿線系で5種類**の種別が異なる列車が運行されています。踏切に接近・通過する時間は停車駅数の少ない優等列車ほど短く、各駅停車は長くなります。このため、踏切の遮断時間や警報器の鳴動時間の均一化を図るものとして、**列車情報装置（急緩行列車選別装置）**が設けられています。これは運行管理システム（SEMTRAC）のダイヤ情報に基づいて、列車番号・種別・行先などのデータ別に踏切の**警報開始地点を自動的に変える**ことができる装置です。また、列車種別によって通過駅、停車駅を判別して、中間駅での列車誤通過を防止する機能も備えています。

> **豆知識**
> **自動車が踏切で立往生したら**
> 踏切の遮断棒は前後の斜め上方45度に屈折するようにできています。自動車が前進または後進することで、遮断棒が押し上がり、踏切外に脱出することが可能です。

Mini Column
西武鉄道で進む立体交差化工事
踏切事故をなくすために最も効果的なのは、「立体交差化」です。西武鉄道では地元自治体と協力してこの工事が進められています。2015年現在、池袋線では桜台～大泉学園間7.6kmの高架複々線化工事が進められ、桜台～石神井公園間の5.2kmが完成しています。残る石神井公園～大泉学園間の2.4kmは2016年度末に完成する予定です。新宿線では、中井～野方間の2.4kmを地下化する工事が2014年1月に始まり、2020年度末完成予定です。また、東村山駅付近4.5kmの高架化工事が2015年1月に始まり、2024年度末完成予定です。

踏切支障報知装置。異常時に押すと緊急停止信号を発信します。

踏切の異常を列車に知らせる特殊信号発光機。

自然の猛威に備える
強風・降雨・地震対策と運行規制

風速計・降雨計などで常時監視

　鉄道の安全・安定運行を支えるものとして、**自然災害に対するきめ細かな対策**があります。

　西武鉄道では**13カ所の跨線橋・橋梁・架道橋上に風速計**を設けており、常時データが司令に送信されています。風速が20m/sを超えた場合、運行速度を55km/h以下に、25m/sを超えた場合は25km/h以下に、30m/s以上では運行を見合わせます。**雨量計**は上石神井・飯能・横瀬など**15カ所**に設置されています。屋外に設置された受水部（雨量ます）と、コードでつながった記録部（記録計）で構成されます。降雨状況は自動的に計測し、常時データが司令に送られてきます。

　降雨の影響は水害だけではありません。雨を吸収して地面が緩み、土砂崩落を起こして線路をふさぐこと

> **POINT**
> **降水量による運転抑止判断**
> 山岳区間の高麗〜西武秩父間では、1時間あたりの降水量が30mmに達した際は35km/hで運行、同50mmまたは継続降水量250mmに達した場合は、運行を一時中止します。

西武鉄道の防災システム

風速計	地震計	雨量計	監視カメラ

司令（5部門）
① 運転関係の指令業務を行う運転司令
② 電気関係の指令業務を行う電気司令
③ 工務関係の指令を行う施設司令
④ 車両関係の指令を行う車両司令
⑤ お客さまの案内・情報収集を行う情報司令

基準以上になると徐行または一時運転見合わせ

列車運行情報提供システム	スマイルビジョン	遠隔放送装置	Twitter

や盛土を崩すことも考えられます。このため、土砂崩壊や落石の危険性がある切り通し個所には、**土砂崩壊検知装置**が設けられています。検知柵にはスイッチがあり、柵が土砂や落石などで傾斜してスイッチの接点が切れるか、金網の検知線が断線することで非常灯が点滅し、運転士に異常が知らされます。**池袋線6カ所、西武秩父線22カ所に設置**され、常時司令所が監視しています。

豆知識
レールの温度も監視

夏期は猛暑によりレールが膨張する恐れもあります。このためレール温度監視システムを導入し、45℃以上で注意、50℃以上で警戒と、常時温度を監視しています。

POINT
P波、S波

P波は5〜7km/s、S波は3〜4km/sで岩盤中を進行します。早期地震警報システムは、このずれを地震検知に活用するのです。

P波を感知して列車を止める

地震対策として、東長崎駅（東京地区）、南入曽駅（所沢地区）、横瀬駅（秩父地区）、白糸台駅（多摩地区）の各駅に地震計が設置されています。地震発生と同時にいち早く地震を感知し、列車を止めて安全を確保するためです。これとともに気象庁の緊急地震速報を活用した**早期地震警報システム**が導入されています。地震計で観測された初期微動（P波）のデータを解析して、震源や地震の規模を瞬時に計算します。主要動（S波）が到達する前に列車無線で自動的に列車へ音声が送られ、運転士が列車を非常停止させます。また、震度4以上の地震情報を受信した場合は、全列車が停止されます。

地震発生時の対応

風水害発生時の対応

検知装置	作動条件	
土砂崩壊検知装置（池袋線に6カ所、西武秩父線に22カ所設置）	装置が作動した場合	運転の一時見合わせ
風速計（主要な跨線橋、橋梁など全線で13カ所に設置）	風速が毎秒30mに達した場合	
雨量計（上石神井、飯能、横瀬など全線で15カ所に設置）	高麗〜西武秩父間は降雨量が毎時30mm、雷雨などで一時的に降雨量が毎時50mmに達した場合、または継続雨量が250mmに達した場合	

地球の未来のためにできること
環境への数々の取り組み

LED照明が導入されている、所沢駅西口。

地球温暖化対策を実施

　西武鉄道では**地球温暖化対策、地域への騒音対策、自然環境保全**など、環境への取り組みが行なわれています。

　駅では、ホーム・コンコースの**照明がLED**など省エネルギーのものに順次置き換えられています。また、**外壁やコンコース・待合所・屋上などで緑化**が進められている駅もあります。雨と直射日光を防ぐ役目があるホームの上屋には**テント膜**を採用して自然光を取り入れ電気使用量を減少させたり、トイレの洗浄水には雨水の再利用も行なわれています。さらに一部の駅では**太陽光発電システムが導入され、駅構内の電力の一部をまかなったり**、西武保有の「飯能・西武の森」などの間伐材を使用したベンチがホームやコンコースに設置されています。また、古レールの乗り場案内や街灯の柱への再利用も行なわれています。

豆知識

きっぷのリサイクル

近ごろはIC乗車券が普及しましたが、紙のきっぷも発行されています。使用済みきっぷは裏面の磁気を剥離し、駅構内のトイレットペーパーなどにリサイクルされています。

沿線の美化・緑化も実施

騒音・振動対策とともに沿線の景観を守る対策も行なわれています。新井薬師前～沼袋間、東飯能～高麗間、横瀬～西武秩父間では植樹が実施されています。

Mini Column

ヤギをエコパートナーに除草を実施

2009年8月から、池袋線武蔵横手駅脇の社有地で、ヤギによる草刈り作業が行なわれています。機械を使用しないため、除草作業時のCO_2が年間176kg削減できると見込まれています。これは燃費15km/lの自動車が東京〜大阪間(約500km)を1往復した際のCO_2排出量に匹敵するそうです。ヤギは日本ザーネン種で、当初は2匹のつがいでした。2011年と2012年に雄と雌が1頭ずつ誕生しました。現在は3頭となり、武蔵横手駅のホームからも愛らしい姿を見ることができます。

所沢駅の屋上庭園「トコニワ」。

エコパートナーである、3匹のヤギ一家による除草。

テント膜の使用により、自然光で明るい所沢駅。

省エネ車両の導入と沿線への配慮

　電気を最も使用するのは列車の運行です。このため、2013年に製造された30000系から車内にLED照明が使用されています。また、VVVFインバータ制御装置や回生ブレーキの採用も、省エネルギー化に寄与します。VVVFインバータ制御装置の主回路素子冷却用冷媒についても、フロンから環境負荷のない純水への切り替えが進められています。

　列車運行による**沿線住民への騒音・振動への配慮**としては、パンタグラフをシングルアームに変えて風切り音を減少、カーブ区間での「きしり音」などの騒音低減のため防音車輪を導入、搭載する発電機を回転機から静止型インバータに変更、警笛を音色がやわらかな電子ホーンに変える、高架区間には列車通過時の音を低減させる防音壁を設置するなど、さまざまな対策が行なわれています。

用語解説

回生ブレーキ

電気(発電)ブレーキの一種で、減速時に主電動機で発電した電力を架線に戻すことで、ブレーキ力を得ます。戻された電気はほかの列車の運行に使用できます。

西武鉄道の主な年譜

年月日	事項
_____ 1911年（明治44年） _____	
1911.10.18	武蔵野鉄道免許
1912年（明治45年）	
1912.5.7	武蔵野鉄道会社設立
1915年（大正4年）	
1915.4.15	池袋～飯能間営業開始
1922年（大正11年）	
1922.11.1	池袋～所沢間電化、保谷車庫開設
1925年（大正14年）	
1925.3.15	所沢～西所沢間電化
1925.12.23	西所沢～飯能間電化
1927年（昭和2年）	
1927.10.15	豊島線（練馬～豊島〈現豊島園〉）営業開始
1928年（昭和3年）	
1928.8.11	池袋～練馬間複線運転開始
1929年（昭和4年）	
1929.3.20	練馬～保谷間複線運転開始
1929.5.1	狭山線（西所沢～村山公園〈現西武球場前〉）営業開始
1929.9.10	飯能～吾野間営業開始
1940年（昭和15年）	
1940.3.12	多摩湖鉄道を合併
1944年（昭和19年）	
1944.2.28	西所沢～村山（現西武球場前）間営業休止
1945年（昭和20年）	
1945.9.22	旧西武鉄道、食糧増産を合併し西武農業鉄道と社名変更
1946年（昭和21年）	
1946.2.14	保谷～田無町（現ひばりヶ丘）間複線運転開始
1946.11.15	社名を西武鉄道と変更
1948年（昭和23年）	
1948.4.1	東村山～村山貯水池（現西武園）間営業再開
1948.11.5	東村山～国分寺間電化
1949年（昭和24年）	

年月日	事項
1949.11.15	多摩湖線本小平駅を小平駅に統合
1950年（昭和25年）	
1950.4.6	東村山～柳瀬信号所間複線運転開始
1950.5.15	小川～玉川上水間営業開始
1950.5.23	東村山～村山貯水池間に野口信号所を新設、野口信号所～西武園間営業開始
1950.7.11	武蔵境～北多磨（現白糸台）間電化
1950.8.1	おとぎ列車多摩湖ホテル前～上堰堤間営業開始
1950.11.1	北多磨（現白糸台）～是政間電化
1951年（昭和26年）	
1951.4.1	新宿軌道線（新宿駅～荻窪駅）を東京都へ譲渡
1951.9.16	おとぎ列車上堰堤～ユネスコ村間営業開始
1951.10.7	西所沢～狭山湖（現西武球場前）間営業再開（ガソリンカー運転）
1952年（昭和27年）	
1952.3.21	西所沢～狭山湖（現西武球場前）間電化
1952.3.25	高田馬場～西武新宿間営業開始
1952.7.15	おとぎ列車を地方鉄道に変更、線名を山口線とする
1953年（昭和28年）	
1953.3.28	田無町（現ひばりヶ丘）～東久留米間複線運転開始
1953.9.26	東久留米～清瀬間複線運転開始
1954年（昭和29年）	
1954.10.12	小川～玉川上水間電化
1958年（昭和33年）	
1958.9.16	新宿線から小平、萩山経由多摩湖（現西武遊園地）へ直通運転開始
1958.12.19	柳瀬信号所～所沢間複線運転開始
1959年（昭和34年）	
1959.12.21	清瀬～秋津間複線運転開始
1960年（昭和35年）	
1960.5.25	秋津～所沢間複線運転開始
1961年（昭和36年）	
1961.9.20	多摩湖線0.4km延伸、多摩湖（現西武遊園地）駅移設

年月日	事項
1962年(昭和37年)	
1962.9.1	萩山～小川間営業開始
1962.12.28	変電所集中制御システム使用開始
1963年(昭和38年)	
1963.11.1	池袋～所沢間で私鉄初の10両運転開始
1963.12.24	701系通勤車登場
1964年(昭和39年)	
1964.11.15	新狭山駅開業
1965年(昭和40年)	
1965.11.5	所沢～西所沢間複線運転開始
1966年(昭和41年)	
1966.5.16	小手指検車区(現車両基地)開設
1966.5.25	西所沢～小手指間複線運転開始
1966.10.28	小手指～武蔵藤沢間複線運転開始
1967年(昭和42年)	
1967.6.1	急緩行列車選別装置使用開始
1967.10.27	所沢～新所沢間複線運転開始
1967.11.7	小平～萩山間複線運転開始
1968年(昭和43年)	
1968.5.15	玉川上水～拝島間営業開始
1968.11.12	恋ヶ窪～羽根沢信号所間複線運転開始
1968.11.13	武蔵藤沢～入間市間複線運転開始
1969年(昭和44年)	
1969.3.5	101系通勤車登場
1969.9.26	新所沢～入曽間複線運転開始
1969.10.1	南入曽検車区(現車両基地)開設
1969.10.2	仏子～笠縫信号所間複線運転開始
1969.10.14	西武秩父線営業開始、5000系特急「レッドアロー号」登場、ATS使用開始(多摩川線・安比奈線・山口線を除く)、仏子～西武秩父間CTC使用開始
1969.12.16	ITV(ホーム監視用テレビ)使用開始
1970年(昭和45年)	
1970.1.1	横瀬検車区(現車両基地)開設
1970.8.16	踏切支障検知装置使用開始
1970.11.20	小手指駅開業
1972年(昭和47年)	
1972.7.1	通勤冷房車(101系)登場
1973年(昭和48年)	

年月日	事項
1973.6.8	田無～西武柳沢間立体交差化工事完成
1973.11.29	最高速度100km/h運転実施
1974年(昭和49年)	
1974.3.1	電車行先方向幕を全列車に使用開始
1974.9.6	多摩川線単線自動化及びATS使用開始
1974.10.20	池袋駅地下連絡通路使用開始
1975年(昭和50年)	
1975.3.20	入間市～仏子間複線運転開始
1975.6.2	西武新宿～本川越間急行10両運転開始
1975.6.16	定期乗車券集約発売実施
1975.11.26	入曽～入間川(現狭山市)間複線運転開始
1975.12.8	西武新宿～拝島・多摩湖(現西武遊園地)間急行10両運転開始
1976年(昭和51年)	
1976.3.1	所沢～現JR新秋津間、貨物連絡設備竣工
1976.3.1	池袋・国分寺両駅の貨物中継を新秋津駅へ変更
1976.3.1	特急「レッドアロー号」の毎時運転開始
1976.12.1	列車無線全線使用開始(安比奈線・山口線を除く)
1977年(昭和52年)	
1977.3.3	西武新宿駅新装・西武新宿ビルオープン
1977.4.1	新宿線に2000系通勤車登場
1977.6.23	北多磨(現白糸台)駅改良工事完成
1977.8.31	高麗駅改良工事完成
1977.12.19	西武新宿～新所沢間準急10両運転開始
1977.12.19	小平～多摩湖(現西武遊園地)間折り返し運転実施
1978年(昭和53年)	
1978.2.15	保有車両数800両突破
1978.11.30	狭山湖(現西武球場前)駅現在地に移設
1979年(昭和54年)	
1979.3.30	小手指駅橋上駅舎完成
1979.4.27	狭山市駅新装・狭山ステーションビルオープン
1979.11.1	鷺ノ宮駅橋上駅舎完成
1979.12.7	萩山～小川間複線運転開始

年月日	事項
1980年（昭和55年）	
1980.2.28	入曽駅跨線橋工事完成
1980.3.12	南大塚～脇田信号所間複線運転開始
1980.3.14	池袋駅構内改良工事完成
1980.3.15	本川越駅構内改良工事完成
1980.6.16	構内無線、乗務員無線使用開始
1980.7.17	東大和市駅立体交差化工事完成
1980.10.11	西武新宿駅北口使用開始
1980.12.22	南大塚駅橋上駅舎使用開始
1980.12.25	踏切支障報知装置使用開始
1981年（昭和56年）	
1981.3.6	下山口駅構内改良工事完成
1981.10.30	新井薬師前駅新駅舎使用開始
1981.12.27	久米川駅新駅舎使用開始
1982年（昭和57年）	
1982.2.1	鷹の台駅旅客地下道使用開始
1982.8.3	下井草駅新駅舎使用開始
1982.9.13	遊園地前～西武遊園地間地方鉄道免許取得
1983年（昭和58年）	
1983.3.24	東伏見駅橋上駅舎使用開始
1983.4.5	所沢駅跨線橋使用開始
1983.4.14	野方駅新駅舎使用開始
1983.4.16	東吾野駅新駅舎使用開始
1983.6.9	沼袋駅新駅舎使用開始
1983.7.28	都立家政駅新駅舎使用開始
1983.10.1	西武有楽町線（新桜台～小竹向原間）営業開始
1983.11.10	保有車両数900両突破
1983.11.12	大泉学園駅橋上駅舎使用開始
1983.11.27	池袋線に3000系通勤車登場
1983.12.1	武蔵砂川～西武立川間複線運転開始
1983.12.12	武蔵砂川駅開業
1984年（昭和59年）	
1984.4.15	仏子駅新駅舎使用開始
1984.5.14	山口線営業休止
1984.9.1	仏子駅南口開設
1985年（昭和60年）	
1985.3.12	鷹の台駅新駅舎使用開始

年月日	事項
1985.4.25	山口線新交通システム開業
1985.6.1	ATS更新（多摩川線除く）
1986年（昭和61年）	
1986.4.26	下落合駅新駅舎使用開始
1986.5.1	椎名町駅新駅舎使用開始
1986.8.5	本社ビルを所沢に移転
1986.10.20	恋ヶ窪駅跨線橋使用開始
1986.12.13	鷹の台駅構内改良工事完成
1987年（昭和62年）	
1987.3.3	中村橋駅北口新駅舎使用開始
1987.3.5	西小川信号所使用開始
1987.3.9	小川変電所使用開始
1987.4.21	上井草駅新駅舎使用開始
1987.5.28	航空公園駅開業
1987.11.20	CTC区間を高麗～西武秩父間に変更
1987.12.10	石神井公園～富士見台間連続立体交差化工事完成
1988年（昭和63年）	
1988.2.17	新小金井駅新駅舎使用開始
1988.3.5	多磨墓地前（現多磨）駅新駅舎使用開始
1988.3.21	稲荷山公園駅新駅舎使用開始
1988.4.1	レオカード発売開始
1988.4.5	西所沢駅新駅舎使用開始
1988.4.27	東飯能～高麗間高架工事一部竣工
1988.5.12	誤通過防止装置使用開始
1988.6.1	弱冷房車登場
1988.11.2	東大和市～玉川上水間複線運転開始
1988.11.4	4000系セミクロスシート車登場
1988.11.16	武蔵丘信号所（現信号場）完成
1989年（平成元年）	
1989.3.16	駅管区制の導入
1989.3.23	保有車両数1000両突破
1989.4.1	秩父鉄道へ直通運転開始
1989.9.11	所沢駅西口新駅舎使用開始
1989.12.11	飯能駅新駅舎使用開始
1989.12.14	新狭山～南大塚間複線運転開始
1989.12.15	ATS更新（多摩川線）
1990年（平成2年）	

年月日	事項
1990.3.31	萩山駅橋上駅舎増改築完成使用開始
1990.6.9	元加治駅新駅舎使用開始
1990.6.23	351系電車さよなら運転
1990.6.24	多摩湖線・国分寺駅新ホーム使用開始
1990.6.30	車両冷房化率100％達成
1990.7.10	西武園駅新駅舎使用開始
1990.8.1	所沢駅北側乗換跨線橋使用開始
1990.8.2	本川越駅構内改良工事完成使用開始
1990.9.16	玉川上水車両管理支所(現車両基地)開設
1990.12.23	秋津駅北口開設
1990.12.23	石神井公園駅新駅舎使用開始
1991年(平成3年)	
1991.1.27	所沢駅(東口)改札口移設、自由通路使用開始
1991.2.1	清瀬第3号踏切立体交差化工事完成使用開始
1991.2.14	東村山駅乗換跨線橋使用開始
1991.3.9	自動改札機導入、豊島園駅で使用開始
1991.3.15	西武研修センター使用開始
1991.3.16	特急券オンライン自動発行、使用開始
1991.3.29	小川～西小川信号所間複線運転開始
1991.5.11	鷺ノ宮駅北口駅ビルオープン
1991.7.27	狭山市～新狭山間複線運転開始
1991.9.5	西武本川越ステーションビルオープン
1991.12.12	都営12号線(現大江戸線)との連絡運輸開始
1991.12.27	保谷駅新駅舎使用開始
1992年(平成4年)	
1992.1.14	横瀬駅新駅舎使用開始
1992.1.16	変電所集中制御システム更新
1992.3.19	車いす用階段昇降機導入(練馬駅)
1992.4.1	運行管理システム(SEMTRAC)本使用開始
1992.4.8	所沢総合管理事務所使用開始
1992.5.28	飯能駅南北自由通路完成使用開始
1992.6.1	池袋線にステンレス製6000系通勤車登場
1992.10.23	西武飯能ステーションビルオープン
1992.11.28	秋津駅南口新駅舎使用開始

年月日	事項
1993年(平成5年)	
1993.2.10	新型の回数券・きっぷ自動発売機導入、回数券をエンコード化
1993.4.1	狭山ヶ丘駅東口開設
1993.5.12	天皇・皇后両陛下秩父へ(池袋～西武秩父間ご乗車)
1993.9.14	入間市駅構内改良工事完成使用開始
1993.12.6	新宿線に10000系特急「ニューレッドアロー」登場
1993.12.6	特急電車の停車駅に「入間市駅」を追加
1993.12.11	9000系通勤車登場
1994年(平成6年)	
1994.8.8	新宿線に6000系通勤車登場
1994.10.1	池袋駅新特急ホーム使用開始
1994.10.15	池袋線に10000系特急「ニューレッドアロー」登場
1994.11.16	東久留米駅橋上駅舎使用開始
1994.12.7	練馬高野台駅開業
1994.12.7	西武有楽町線(練馬～新桜台間)営業開始
1994.12.15	是政駅構内改良工事完成使用開始
1995年(平成7年)	
1995.2.28	青梅街道駅駅舎改修工事完成使用開始
1995.9.1	時差回数券、土・休日割引回数券発売開始
1995.10.14・15	5000系特急「レッドアロー号」さよなら運転
1996年(平成8年)	
1996.2.29	入曽駅西口開設
1996.3.28	多摩湖線(国分寺～西武遊園地間)運行管理システム(SEMTRAC)使用開始
1996.4.1	多摩川線ワンマン運転開始
1996.4.1	所沢～東横瀬間貨物輸送廃止
1996.5.25	E851形電気機関車さよなら運転
1996.12.3	新6000系アルミ車両登場
1997年(平成9年)	
1997.1.1	西武鉄道Webサイト開設
1997.2.22	401系・701系さよなら運転
1997.3.7	保有車両数1,200両突破
1997.3.26	池袋駅「西武南口」開設
1997.4.25	吾野駅新駅舎使用開始

年月日	事項
1997.4.26	特急レッドアロー号利用客1億人突破
1997.8.2	桜台～練馬間高架化
1997.12.13	中村橋～富士見台間高架化
\multicolumn{2}{1988年（平成10年）}	
1998.3.26	池袋線～営団地下鉄有楽町線相互直通運転開始
1998.3.26	新宿線・快速急行「川越号」運転開始
1998.3.26	特急電車の停車駅を「芦ヶ久保」から「横瀬」に変更
1998.9.30	武蔵藤沢駅構内改良工事完成使用開始
1998.10.1	西武・電車テレホンセンター開設
1998.11.20	多摩湖線・国分寺～萩山間ワンマン運転開始
1998.11.27	玉川上水駅橋上駅舎使用開始
1998.12.11	花小金井駅南口開設・橋上駅舎使用開始
\multicolumn{2}{1999年（平成11年）}	
1999.2.10	東飯能駅橋上駅舎使用開始
1999.4.24	田無駅橋上駅舎使用開始
1999.6.1	使用済乗車券再生資源活用開始
1999.8.28	井荻駅北口新駅舎使用開始
\multicolumn{2}{2000年（平成12年）}	
2000.2.20	新宿線に20000系通勤車登場
2000.3.29	武蔵丘車両管理所（現車両基地）開設
2000.6.10	八坂駅新駅舎使用開始
2000.6.15	所沢車両工場閉鎖
2000.6.16	武蔵丘車両検修場開設
2000.6.30	沼袋駅南口開設
2000.7.1	使用済定期乗車券再生資源活用開始
2000.10.1	SFレオカード発売開始
2000.10.14	共通乗車カードシステム「パスネット」導入
2000.12.14	練馬駅西口開設
2000.12.22	所沢駅新改札口開設（南口・東口改札を統合）
2000.12.22	武蔵丘車両検修場ISO14001取得
\multicolumn{2}{2001年（平成13年）}	
2001.3.4	練馬～中村橋間高架化（逆立体化）
2001.3.10	高田馬場駅構内改良工事完成・戸山口開設

年月日	事項
2001.4.1	自動改札機で乗車券類の複数枚処理開始
2001.4.1	フェアスルーシステム（不正乗車防止システム）導入
2001.12.6	笠縫信号場～飯能間複線運転開始
2001.12.15	中村橋～練馬高野台間高架複々線使用開始
\multicolumn{2}{2002年（平成14年）}	
2002.2.28	一般認定鉄道事業者として認定を受ける
2002.3.6	西武球場前駅で駅係員による売店業務を開始
2002.4.1	日本民営鉄道協会に入会
2002.4.1	Webサイト上で運行状況の情報提供を開始
2002.9.1	お忘れ物取扱システム導入
2002.9.1	駅シェルパ開始
\multicolumn{2}{2003年（平成15年）}	
2003.3.12	練馬～中村橋間高架複々線使用開始
2003.3.12	飯能～西武秩父間ワンマン運転開始
2003.6.2	池袋線に列車情報装置使用開始
2003.8.1	旅行代理店での特急券発売開始
\multicolumn{2}{2004年（平成16年）}	
2004.1.13	携帯電話での運行状況の検索サービスを開始
2004.3.25	下井草駅整備株式会社設立
2004.3.27	車体広告電車運転開始（池袋線・新宿線）
2004.3.30	東長崎駅整備株式会社設立
2004.5.24	西武鉄道企業倫理規範制定（2006.3.27西武グループ企業倫理規範制定に伴い廃止）
2004.6.10	新宿線に列車情報装置使用開始
2004.7.26	第1回企業倫理委員会開催
2004.11.16	東京証券取引所における当社株式の上場廃止（12月17日付）決定
2004.12.16	企業倫理ホットライン開設
\multicolumn{2}{2005年（平成17年）}	
2005.5.9	池袋線・新宿線に女性専用車両導入
2005.5.31	池袋駅上家建替え工事完了
2005.6.28	執行役員制度導入
2005.7.2	運行管理システム更新（池袋線）

年月日	事項
2005.10.31	有楽町線直通電車女性専用車両導入
2005.11.9	電源二重化工事完成(池袋〜武蔵丘・西武新宿〜本川越)
2006年(平成18年)	
2006.2.1	池袋駅、高田馬場駅、所沢駅にAED設置(西武鉄道初)
2006.3.27	持株会社方式によるグループ再編完了
2006.3.27	グループビジョン策定
2006.4.1	西武鉄道お客さまセンター開設
2006.7.19	江古田駅整備株式会社設立
2006.9.24	運行管理システム更新(新宿線)
2006.10.1	特急の全車禁煙化を実施
2007年(平成19年)	
2007.2.3	下井草駅新駅舎使用開始
2007.3.16	東長崎駅新駅舎使用開始
2007.3.18	ICカード「PASMO」サービス開始
2007.3.28	天皇・皇后両陛下川越へ(西武新宿〜本川越間往復ご乗車)
2007.4.1	シンボルマーク及びコーポレートカラー制定
2007.4.27	「早期地震警報システム」導入
2007.5.8	特急インターネット予約サービス開始
2007.5.14	お客さま満足度調査「アンケート配布調査」実施
2007.6.20	株式会社西武パレット設立
2007.6.21	「踏切安全ホットライン」導入
2007.6.27	「遠隔放送装置」導入
2007.7.3	練馬駅、練馬高野台駅、西所沢駅に新型駅売店「TOMONY」オープン
2007.7.27	簡易筆談器全駅(小竹向原除く)に設置
2007.8.24	拝島駅橋上駅舎使用開始
2007.8.31	練馬駅構内に新商業施設「Emio練馬」オープン
2007.10.19	「BIGBOX 高田馬場」リニューアルオープン
2007.12.3	環境配慮型蓄電装置を吾野・正丸変電所に導入
2008年(平成20年)	
2008.2.9	武蔵藤沢駅橋上駅舎使用開始
2008.3.27	「コーポレートシンボル」を全制服に取り入れ、制服をリニューアル

年月日	事項
2008.3.29	武蔵境駅新駅舎使用開始
2008.4.26	新宿線に30000系通勤車登場
2008.5.4	飯能・西武の森「社会・環境貢献緑地評価システム(SEGES)」認定
2008.6.14	池袋線〜東京地下鉄副都心線相互直通運転開始
2008.6.14	遅延証明書をウェブサイト上で発行開始
2008.6.16	東京メトロ副都心線直通電車女性専用車両導入
2008.8.6	車両内側ドアに点字案内を設置
2008.11.22	列車非常通報装置全駅(小竹向原除く)に設置
2009年(平成21年)	
2009.4.6	小手指駅、西武球場前駅、航空公園駅で駅壁面緑化を実施
2009.4.26	所沢駅東口前に「EMINOWA」オープン
2009.10.3	久米川駅北口新駅舎、使用開始
2009.10.12	新電力管理システム使用開始(総合司令ワンフロア化完成)
2009.10.19	自動改札機導入通路の一部をIC専用化(76駅113通路)
2009.11.7	芦ヶ久保・西武の森に「ウェルカムストリート」を整備
2009.12.14	西武鉄道ウェブサイトをリニューアル
2010年(平成22年)	
2010.2.7	石神井公園駅上り線高架化
2010.4.23	「SEIBU スマイルリンク サービス」開始
2010.7.1	「西武東京メトロパス」発売開始
2011年(平成23年)	
2011.2.27	拝島線 萩山〜小川間の萩山3号踏切の下り線を高架化
2011.4.17	石神井公園駅下り線高架化
2011.6.13	「西武鉄道キッズ Go!Go! スマイルトレイン」公開
2011.11.27	レッドアロー・クラシック登場
2012年(平成24年)	
2012.4.9	「Twitter」による列車運行情報発信開始
2012.5.7	西武鉄道創立100周年を迎える
2012.6.12	「Emio所沢」オープン
2012.6.28	「Emio練馬高野台」オープン

年月日	事項
2012.7.1	駅チカ保育施設「Nicot田無」開設
2012.10.7	拝島線萩山〜小川間の萩山3号踏切の上り線を高架化
2012.10.20	本川越駅に副駅名「時の鐘と蔵のまち」表示を開始
2012.12.9	「さよなら101系・301系イベント」開催
2013年(平成25年)	
2013.1.21	5社合同相互直通運転PRラッピング電車運行開始
2013.3.1	テレビCMの放送開始
2013.3.16	ダイヤ改正／副都心線を経由し東急東横線、横浜高速みなとみらい線との相互直通運転開始
2013.6.9	特急レッドアローのチケットレスサービス「Smooz」開始
2013.6.30	所沢駅改良工事完了
2013.10.2	「Emio石神井公園」オープン
2013.10.2	「エミナード石神井公園」第1期開業
2013.11.23	石神井公園〜大泉学園駅間下り線高架化
2013.11.30	「ちちぶ映画祭」初開催
2014年(平成26年)	
2014.1.14	中井〜野方駅間連続立体交差事業工事着手
2014.1.28	武蔵丘車両検修場メガソーラー発電開始
2014.4.23	西武ホールディングスが東京証券取引所市場第一部へ上場
2014.8.18	「川越アクセスきっぷ」を新宿プリンスホテルにて発売
2014.9.12	「西武飯能日高ソーラーパワーステーション」発電開始式開催
2014.10.22	訪日外国人向けWi-Fiサービス開始(西武秩父駅・本川越駅)
2014.12.25	「銀河鉄道999電車」営業運転終了、3000系車両営業運転終了
2015年(平成27年)	
2015.1.25	練馬高野台〜大泉学園駅間連続立体交差事業 高架化
2015.1.27	東村山駅付近連続立体交差事業工事着手

年月日	事項
2015.3.14	台湾鉄路管理局と西武ホールディングスが「包括的事業連携に関する友好協定」締結、西武鉄道が「姉妹鉄道協定」締結
2015.4.10	「グランエミオ大泉学園」オープン

■旧西武鉄道

年月日	事項
1892年(明治25年)	
1892.6.21	川越鉄道免許
1892.8.5	川越鉄道会社設立
1894年(明治27年)	
1894.12.21	国分寺～久米川仮駅(現東村山)間営業開始
1895年(明治28年)	
1895.3.21	川越(現本川越)まで全線営業開始、甲武鉄道が営業を管理
1906年(明治39年)	
1906.9.30	甲武鉄道の委託管理を解除、自営となる
1920年(大正9年)	
1920.6.1	武蔵水電会社に合併(武蔵水電は川越電気鉄道を経営)
1921年(大正10年)	
1921.10.1	武蔵水電が西武軌道(新宿～荻窪)を合併
1922年(大正11年)	
1922.6.1	武蔵水電が帝国電灯に合併、鉄軌道業を武蔵鉄道に譲渡
1922.8.15	武蔵を西武と改め西武鉄道設立
1925年(大正14年)	
1925.2.15	安比奈線開業
1927年(昭和2年)	
1927.4.16	東村山～高田馬場間営業開始(複線)、東村山～川越(現本川越)間電化
1927.8.31	多摩鉄道会社(武蔵境～是政)を買収
1928年(昭和3年)	
1928.1.27	上石神井電車庫(現車両基地)開設
1929年(昭和4年)	
1929.1.20	国鉄高田馬場駅へ乗り入れ
1930年(昭和5年)	
1930.4.5	東村山～村山貯水池前間営業開始
1935年(昭和10年)	
1935.12.27	新宿軌道線(新宿駅～荻窪駅)を東京乗合自動車に経営委託、その後1951年東京都へ譲渡
1941年(昭和16年)	
1941.2.28	大宮線(川越久保町～大宮)を廃止
1944年(昭和19年)	
1944.5.10	東村山～狭山公園(現西武園)間営業休止
1945年(昭和20年)	
1945.9.22	武蔵野鉄道に合併

■多摩湖鉄道

年月日	事項
1920年(大正9年)	
1920.3	箱根土地株式会社設立
1924年(大正13年)	
1924.6	国立開発に着手
1928年(昭和3年)	
1928.3.7	箱根土地が多摩湖鉄道会社設立
1928.4.6	国分寺～萩山間営業開始
1928.11.2	萩山～本小平間営業開始
1930年(昭和5年)	
1930.1.23	萩山～村山貯水池(仮駅、国分寺起点8.0km)間営業開始
1936年(昭和11年)	
1936.12.30	村山貯水池仮駅を国分寺起点8.9kmに移転し本駅(現西武遊園地)とする
1936.12.30	武蔵大和駅営業開始
1940年(昭和15年)	
1940.3.12	武蔵野鉄道に合併

■多摩鉄道

年月日	事項
1910年(明治43年)	
1910.8.5	多摩鉄道会社設立
1917年(大正6年)	
1917.10.22	武蔵境～北多磨(現白糸台)間営業開始、北多磨機関庫(現白糸台車両基地)開設
1919年(大正8年)	
1919.6.1	北多磨(現白糸台)～常久(現競艇場前)間営業開始
1922年(大正11年)	
1922.6.20	常久(現競艇場前)～是政間営業開始
1927年(昭和2年)	
1927.8.31	旧西武鉄道に合併

■駅名の変遷

現在の駅名	旧駅名と変更日
豊島園	豊島 1927.10.15（昭和2年）→豊島園 1933.3.1（昭和8年）
富士見台	貫井 1925.3.15（大正14年）→富士見台 1933.3.1（昭和8年）
石神井公園	石神井 1915.4.15（大正4年）→石神井公園 1933.3.1（昭和8年）
大泉学園	東大泉 1924.11.1（大正13年）→大泉学園 1933.3.1（昭和8年）
ひばりヶ丘	田無町 1924.6.11（大正13年）→ひばりヶ丘 1959.5.1（昭和34年）
西所沢	小手指 1915.4.15（大正4年）→西所沢 1915.9.1（大正4年）
西武球場前	村山公園 1929.5.1（昭和4年）→村山貯水池際 1933.3.1（昭和8年）→村山 1941.4.1（昭和16年）→狭山湖 1951.10.7（昭和26年）→西武球場前 1979.3.25（昭和54年）
狭山ヶ丘	元狭山 1915.4.15（大正4年）→三ヶ島村 1915.8（大正4年）→狭山ヶ丘 1933.3.1（昭和8年）
入間市	豊岡町 1915.4.15（大正4年）→入間市 1967.4.1（昭和42年）
東吾野	虎秀 1929.9.10（昭和4年）→東吾野 1933.3.1（昭和8年）
都立家政	府立家政 1937.12.25（昭和12年）→都立家政 1943.7.1（昭和18年）
東伏見	上保谷 1927.4.16（昭和2年）→東伏見 1929.11.20（昭和4年）
東村山	久米川仮駅 1894.12.21（明治27年）→東村山 1895.8.6（明治28年）
西武園	村山貯水池前 1930.4.5（昭和5年）→狭山公園 1941.3.1（昭和16年）→村山貯水池 1948.4.1（昭和23年）→西武園 1951.3.1（昭和26年）
新所沢	北所沢 1951.6.11（昭和26年）→新所沢 1959.2.1（昭和34年）
狭山市	入間川 1895.3.21（明治28年）→狭山市 1979.3.25（昭和54年）
本川越	川越 1895.3.21（明治28年）→本川越 1940.7.22（昭和15年）
一橋学園	商大予科前 1933.9.11（昭和8年）→一橋大学 1949.5（昭和24年）→一橋学園 1966.7.1（昭和41年 小平学園駅を併合）
東大和市	青梅橋 1950.5.15（昭和25年）→東大和市 1979.3.25（昭和54年）
武蔵大和	村山貯水池 1930.1.23（昭和5年）→武蔵大和 1936.12.30（昭和11年）
西武遊園地	村山貯水池 1936.12.30（昭和11年）→狭山公園前 1941.4.1（昭和16年）→多摩湖 1951.9.1（昭和26年）→西武遊園地 1979.3.25（昭和54年）
多磨	多磨墓地前 1929.1.5（昭和4年）→多磨 2001.3.28（平成13年）
白糸台	北多磨 1917.10.22（大正6年）→白糸台 2001.3.28（平成13年）
競艇場前	常久 1919.6.1（大正8年）→競艇場前 1954.5.1（昭和29年）

【協力】

西武鉄道

1912年（明治45年）に前身の武蔵野鉄道が設立され、1915年（大正4年）に池袋～飯能間（43.7km）で汽車による営業を開始。その後、1945年に旧西武鉄道と合併し、翌1946年には社名を現在の西武鉄道に改称。その後、鉄道事業を拡大する一方で、観光や不動産、スポーツなどの生活関連事業にも進出し、沿線の発展にも寄与する。路線は、13路線179.8km（営業キロ）を有している。

編集協力	有限会社ヴュー企画（池上直哉、竹内博之）
カバーデザイン	土井敦史（noNPolicy）
本文デザイン	小幡ノリユキ
DTP	中尾剛（有限会社アズ）
執筆協力	野田隆、松尾よしたか、平賀尉哲、斉木実
イラスト	まるやまともや

徹底カラー図解　西武鉄道のしくみ

2016年8月10日　初版第1刷発行

編集	マイナビ出版編集部
協力	西武鉄道株式会社
発行者	滝口直樹
発行所	株式会社マイナビ出版
	〒101-0003
	東京都千代田区一ツ橋2-6-3 一ツ橋ビル2F
	電話　0480-38-6872（注文専用ダイヤル）
	03-3556-2731（販売部）
	03-3556-2735（編集部）
	URL　http://book.mynavi.jp

印刷・製本　シナノ印刷株式会社

※価格はカバーに表示してあります。
※落丁本、乱丁本についてのお問い合わせは、TEL0480-38-6872（注文専用ダイヤル）か、電子メール sas@mynavi.jp までお願いいたします。
※本書について質問等がございましたら、往復はがきまたは返信切手、返信用封筒を同封のうえ、㈱マイナビ出版編集第2部までお送りください。
お電話でのご質問は受け付けておりません。
※本書を無断で複写・複製（コピー）することは著作権法上の例外を除いて禁じられています。

ISBN978-4-8399-5997-5
©2016　Mynavi Publishing Corporation
Printed in Japan